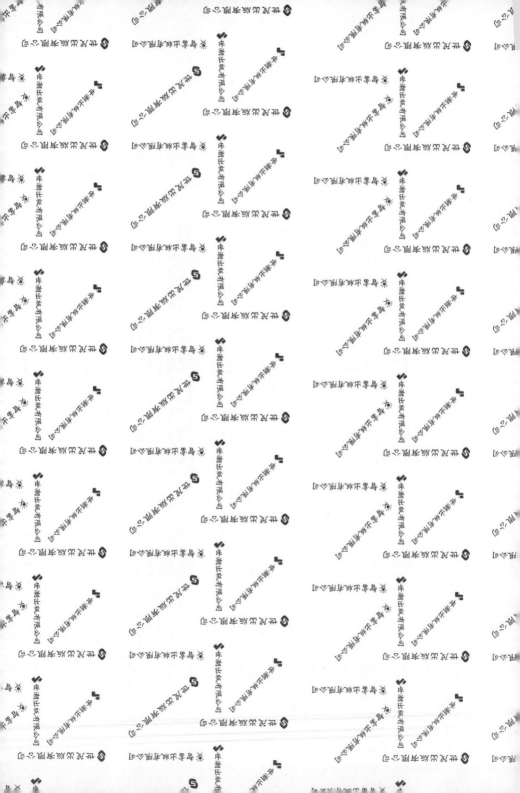

養出
自我效能高
的孩子

子どもの自己効力感を育む本

松村亞里——著　劉淳——譯

不害怕結果，選擇挑戰，積極小孩實作篇

前言：父母的一句話有無窮威力

你是否曾經因為希望孩子能相信自己的潛力，將來能挑戰各種事物，而對他說過這些話呢？

「你很聰明，一定做得到。」

「你頭腦很好。」

「你只要努力，什麼都能做到。」

我想有許多父母都認為，平常就該多鼓勵孩子，盡量多和孩子說一些好話。

遺憾的是，這些父母覺得的好話，有時反而會引發你最不願發生的結果。

孩子聽了這些話，可能會覺得「反正一定不會順利」「我根本做不到，所以不想去做」，因而放棄挑戰。

聽到這裡，大家應該會很驚訝。「你頭腦很好」「你什麼都能做到」分明是在鼓勵孩子，為什麼反而會引發相反的結果呢？

在此，要老實和各位讀者直說，當父母不斷對孩子說：「你很聰明，一定做得到」「你頭腦很好」「你只要努力，什麼都能做到」，反而容易讓孩子對失敗產生過大的恐懼，因而無法挑戰未知的領域。

如果原因是話語，只要換句話說就好

孩子消極又沒朝氣的原因竟然就在自己身上，想必讓許多父母都為此感到震驚、沮喪。

如果原因出在話語，只要換句話說就好。現在就可以開始改變。

過去有段時間，我完全不覺得對孩子說「你頭腦很好」有什麼不對。我兒子當時十分毛躁，會因為學校作業太難而發脾氣，也無法一直安靜坐著，令我十分苦惱。某次，我在正向心理學課程中學習到自我效能，開始改變對孩子說話的方式，兒子的行為也有了很大的改變。

當我對孩子說出可以培養自我效能的話語，例如：「做不做得到都沒關係，你先試試看」，孩子就變得能夠集中精神，遇到難題也不會中途放棄，就算做不到也不會生氣、沮喪。而且，身為母親的我也有了改變。

以前我只會做自己應該做得到的事，現在則學會挑戰未知的新領域。

不需要改變「希望孩子挑戰更多新事物，享受人生」的想法。要改變的只有話語。只要把說出口的話改成直接傳達自己想法的言詞就好。更令人高興的是，這種改變只要一瞬間就能產生效果。

孩子們都是懷抱著「想挑戰未知的世界」「想成為一個什麼都做得到的

人」的心情來到這個世界。

何不讓我們從今天開始，用支持孩子快樂踏上人生旅途的話語，鼓勵他們天生的挑戰精神呢？

什麼樣的話語，才能讓孩子有「想採取行動」的想法？接下來，本書將一一介紹這些案例與小祕訣。

本書舉出的例子雖然大多是「媽媽說的話」，但建議在閱讀時試著把和孩子相關的所有人都帶入情境中。

目錄

第2章

培養「自我效能」的一句話

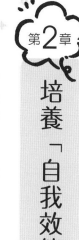

培養「自我效能」的一句話④「沒有幹勁或自信時」

第3章 父母教孩子的四件事
～建立養育幸福孩子的基礎

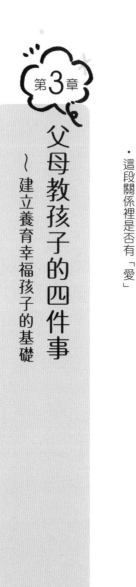

第1章

每個孩子出生時都有「自我效能」

想提升孩子的能力與挑戰精神的家長，一定要了解「自我效能」。
自我效能是什麼？
首先，就從這一點開始吧！

勇於挑戰不害怕結果的能力＝自我效能

公園裡有個男孩在練習騎腳踏車，搖搖欲墜的身影讓一旁的我膽顫心驚。不出意料，男孩果然才踩了一下踏板就跌倒了，不甘心的情緒和膝蓋的疼痛讓他放聲大哭，但不管跌倒幾次，男孩還是站了起來，再度跨上座墊……

我曾因為看到孩子真的充滿了挑戰精神而深深感動。

「一定要學會騎腳踏車」的強烈意志驅使著孩子前進，讓他忘了跌倒的疼痛，才會不斷反覆練習。對孩子而言，完全沒有「因為不想失敗，所以到這裡就先停下來」的選項。

希望孩子成為不論發生什麼事都能積極向前的人

不害怕結果，選擇挑戰，就叫作「自我效能」。每個人在出生時都具備自我效能。

培養更大的自我效能，能讓孩子更加積極進行各種挑戰，變得更幸福的重要關鍵。但令人難過的是，日本的孩童自我效能普遍偏低。

若希望孩子「很有精神、個性開朗、堅毅又積極」，就應該好好培育孩子的「自我效能」。

培養孩子擁有信念、自信與希望

所謂的自我效能很高，包括下列意義。

1 擁有「信念」，相信自己能夠影響身邊的人事物。

2 具有「自信」，相信自己能解決問題，達成目標。

3 懷抱「希望」，相信只要努力，將來或許能做到現在無法做到的事。

擁有「信念」，相信自己的行動有意義。具有「自信」，相信自己能夠達成目標。懷抱「希望」，知道即使是困難的問題，只要持續努力就能接近目標。這樣的人，才會具有前往未知世界的勇氣。

自我效能高的孩子會幸福

「不知道做不做得到，總之先試試看。」

「無論結果如何，我都不在意。」

「挑戰本身就很有趣。」

能這樣思考的人，工作態度也會很積極，能夠邊享受邊持續工作。也有調查指出，自我效能與代表「工作喜悅」的工作投入（work engagement）有關。

能夠樂在工作的人真的很棒。我也希望孩子能運用自己的長處工作，好好盡情享受人生。

遺憾的是，日本社會的工作投入度非常低。

能樂在工作的人、無法樂在工作的人

工作就是連續不斷的挑戰，害怕失敗就無法樂在其中。

↓

成果差強人意。

↓

工作起來更不快樂，失去自信。

你身邊是否也有陷入這種惡性循環的人呢？因為自我效能太低，對挑戰猶疑不前，接著一切都往不好方向發展。

當孩子覺得「一定不會順利」「我做不到，不想去做」，就會放棄挑戰。

大人也是一樣，自我效能低，認為自己「就算再努力也做不好」的人，對所有的事情都會敷衍了事，很難有意願認真工作，或是過更愉快、更理想的生活。

因此，他們無法在工作上做出成果，也無法得到好的評價。如此一來，工作也會愈來愈無趣，甚至覺得活著也很無趣。

能遇到貴人的人、遇不到貴人的人

在各式領域留下豐功偉業的人都有一項共通點，就是「自我效能很高」。想著「不知道未來會如何，總之先試試看」而大步向前邁進的人，以及不放棄而持續挑戰的人，自然就會做出一番成果。

這種原理不限於工作，能夠用積極心態嘗試的人，不論是讀書、運動還是交友，都能享受到多方面的樂趣。

人都會想幫擁有「信念」「自信」與「希望」的人加油，也會想跟著這樣的人一起行動。之後可能會遇到貴人，在許多人的幫助中做出一番成果。這些都是自我效能帶來的。

自我效能就是最強的動力

接著，讓我們來思考人在採取行動時的理由，也就是動力。

舉例來說，長年吸菸的女性在懷孕後想要戒菸，什麼樣的動力才能讓她成功戒除菸癮呢？

1 「為了肚子裡的孩子，不想做有害健康的事」的生理危機感。

2 得到「戒菸就能拿到一百萬日圓獎金」「不戒菸就會被罰一百萬萬日圓」等報酬或懲罰時。

3 認為「我的行動一定能帶來一些好的變化」。

答案是3，認為「我的行動一定能帶來一些好的變化」。自我效能能夠讓人相信「只要去做就能接近目標」，比任何事物都更能強烈促使人們採取行動。

別摘掉孩子的自信嫩芽

即使心裡想著「一定要做○○」「希望學會○○」，真正會採取行動的人其實少之又少。多數狀況下，人們都會深感思考與行動之間存在著一堵高牆。

不過，知道「所有動機中最有效的是自我效能」之後，就能夠找到巧妙控制自身思考與行動的方法。

相信自己「就算無法馬上做到，只要繼續努力就能接近目標」且懷抱希望，就是通往成功的鑰匙。周遭的鼓勵與誘惑力十足的報酬雖然也有效果，然而，最大的動力還是相信「自己具有造成影響的能力」。

請鼓勵孩子，讓他相信自己的行動能夠造成影響。父母必須仔細注意，不要傷害孩子與生俱來的自我效能，別摘掉孩子的自信嫩芽。

比起「去做就做得到」，更要該鼓勵孩子「試著做做看」

一般常把自我效能解釋成認為自己「去做就做得到」「能夠達成目標」的自信，但我在親身研究並實踐後，發現真正的「自我效能」其實和這些說法有些差異。

若認為自己「去做就做得到」，就不會去挑戰可能做不到的事，能獲得的經驗也有限。實際上，「去做就做得到」的自信和過去的成功經驗大有關係。現代社會環境與價值觀等各種條件都以驚人的速度不斷變化，很多時候，過去的經驗已經派不上用場。光是靠「去做就做得到」的自信，很可能根本不會真正採取行動，迎向挑戰。

最須要培養的，是讓孩子即使沒有自信也能產生「試試看」的念頭。我認為，自我效能比較適合解釋成「（在不知道做不做得到的狀況下）能有先試試看的念頭」。在以下這些狀況下，孩子容易想要「試試看」。

1 看起來很有趣，能引發好奇心時。

2 孩子認為努力做這件事能提升自己的能力時。

3 事情本身有其意義時。

孩子在進行騎腳踏車、畫畫、摺紙、跳箱等自我挑戰時，會無意識地產生1、2、3項中任一項的感受，並提升自我效能。這時，也是父母可以從旁鼓勵，再度提高孩子自我效能的好時機。

成長是從「試著做做看！」開始，以螺旋狀展開

我只有國中畢業，雖然以前完全沒有自信，但憑著一股「試試看」的傻勁

到了美國留學，這段經歷造就出現在的我。現在，出版社願意幫我出書，我也常常在公眾面前發表演說。如果因為缺乏「去做就做得到」的自信而沒有採取行動，就不會有今天的我。

雖然無法保證「去做就做得到」，但只要能享受過程，有所成長，也感覺到做這件事有意義，就能讓自己的能力成長到最大限度，成為能夠對群眾有所貢獻的人。本書中所說的「自我效能」，就是「先試著做做看」的念頭。

這種念頭的背後是強烈的「信念」，也就是「相信自己的行動能對這個環境造成某種影響」。產生的影響或許很小，或許很大，但不論大小，背後都有著「相信自己能有效改變世界」的希望。

自我效能高的人，能獲得更大的成功

每個人挑戰新事物時都需要勇氣。面對「從來沒做過的事」，或是「比以前更高的目標」時，我非常了解會產生出「我做得到嗎？」「做不到怎麼辦？」的不安與恐懼。

感到不安與恐懼時，是否具有奮勇前進的自我效能，取決於我們如何看待自己的「能力」。

你的孩子是如何看待自己的「能力」呢？在下列兩種想法中，孩子比較傾向哪一種？

□ 事情能做到多好，都是靠天份。

□ 事情能做到多好，可以靠努力進步。

相信「有沒有能力是靠天分決定」的孩子，會認定「我已經知道自己的極限，就算再努力也沒有意義，努力是沒有用的」。

相反地，這樣的孩子因為在乎其他人的眼光，會拚命展現出自己好的一面。他們會非常努力維持自己「有能力」「優秀」的形象。

也有些孩子不惜作弊也要考高分，因為他們希望父母和老師認為「這個孩子很優秀」。如果考試成績不好，會被認為「這個孩子能力很差，老是失敗」，因此他們會極力避免考低分。

當孩子一直持續產生這類負面想法，或許就會產生「只要有一點點失敗的風險，就不想挑戰」的心理。

另一方面，相信「只要努力就能進步」的孩子，並不重視「自己原本有多少能力」。那根本無所謂，因為只要努力，能力就會成長。

這樣的孩子相信「去做就會進步」，能夠鼓起勇氣挑戰，持續努力。

史丹佛大學教授卡蘿・德威克（Carol S. Dweck）曾花費三十年追蹤調查在學術、藝術、運動與商業等各領域有豐功偉業的人與表現平平無奇的人，結果發現，「在各領域有重大貢獻的人有一項共通點，他們都認為努力就會進步」。

對於能力的想法，會大大改變一個人往後的人生。

「試著做做看」能讓夢想成真

說到自我效能高的人，我第一個想到的是登山家三浦雄一郎先生。

二〇〇三年，三浦雄一郎打破世界紀錄，以七十歲七個月高齡登上了世界第一高峰聖母峰。之後又在七十五歲時再度登頂，並於八十歲時完成第三次登頂，三次打破世界紀錄。

但其實三浦先生從小是個體弱多病的孩子，因為想提升體能，從小學二年級開始滑雪，之後漸漸嶄露頭角，後來成為職業滑雪選手。

然而，因為年輕時不注重健康，三浦先生在六十五歲時出現心律不整的症狀，但為了要在七十歲時登上聖母峰，開始從頭鍛鍊身體。

有個電視節目隨行採訪了當時的三浦先生，我也看了這個節目。三浦先生出門時會在腳上綁上重物，背著重達二十公斤的背包步行，把訓練融入在日常生活中。

當時也有反對意見認為：「就算是三浦先生，七十歲了想登上聖母峰還是太勉強了」「實在太危險了」。

還有很多人認為，「都已經上了年紀，做不到也很正常」。

正因如此，聽到三浦先生成功登頂的消息時，我非常驚訝。三浦先生一定是個自我效能非常高的人。

不管周遭的人怎麼說，只要本人用「試試看」的心情去挑戰，就有可能實現夢想。三浦先生就是一個非常清楚的例子。

到幾歲都能持續挑戰的生活方式

二〇一九年一月，三浦先生仍以八十六歲的高齡挑戰登上南美最高峰阿空加瓜山及滑雪，可惜的是，中途因健康因素而不得不放棄。但他的兒子三浦豪太成功登上阿空加瓜山，也完成了滑雪壯舉。

不論結果如何，三浦先生不管幾歲都展現出持續挑戰的姿態。這位人生的前輩親身為我們示範了如何打破「年紀大了就無法挑戰」的刻板印象，告訴我們，人不管到了幾歲都能挑戰自我。

超越極限，能力就會開花結果

目前已有多項研究以科學方式證明，能力會隨著努力而進步。對事物擁有強烈的興趣，積極採取行動時，人類大腦中的神經元細胞便會開始成長、結合，組織出新的網絡。而且這種成長會一直持續，直到死亡才停止。

「每個人一生所擁有的能力會在某個年齡前就定下」的觀念已經過時了。出生時就已經定下一個人有哪些能力也是無稽之談。

當我們每次為了超越自我的極限而挑戰，能力都會開花結果，成功的可能性也能夠無限提升。

培養自我效能，「自我肯定」就會生根發芽

前面的章節討論了不少關於自我效能的話題，接下來，我想稍微改變角度來思考「自我肯定」。

自我肯定指的是接納自己的一切，對自己表達贊同，也就是，「不管自己是什麼樣子都喜歡」。長久以來，人們都認為自我肯定度高的人比較容易獲得成功與幸福，不過實際上，目前尚未發現兩者之間有明確的因果關係。

在澳洲大學擔任教職的社會心理學家羅伊・鮑邁斯特（Roy F. Baumeister）指出，自我肯定、成功或幸福兩者會同時升高。以前後順序來區分，人們在感

覺到成功帶來的喜悅與幸福時，會有自我肯定隨之升高的傾向。也就是說，感受到成功的喜悅與幸福時，自我肯定就會自然上升。這個主張與自我肯定愈高的人愈能獲得成功與幸福的既定概念正好相反。

不論成功或失敗都能幸福

想提高自我肯定的人，可以藉由感受幸福快樂，或是累積許多成功與成就感來達成。那麼，要如何才能得到成就感呢？祕訣在於「自我效能」。

「自我效能」就是挑戰的力量。若不去挑戰，雖然不必害怕失敗，但也同時失去了成功的可能性。因此，能夠挑戰，就代表得到了成功的機會。

具有自我效能的人不會害怕結果。他們擁有旺盛的挑戰精神，會在「不知道能否成功，總之先試試看」的狀況下採取行動，也會持續努力，因此最後往往都能成功。有時，事情或許不會那麼順利，但他們重視過程勝於結果，所有經驗都能轉化為養分，感受幸福的能力也會隨之提升。不論成功或失敗，他們都會幸福。

感受到幸福時，自我效能就會提升。因此，自我效能高的人，光是靠著自我效能就能提高自我肯定。

整體的因果關係是：

自我效能（挑戰）

↓

不論成功或失敗

↓

更幸福

↓

提升自我肯定

只要一句話，立刻就能提升自我效能

「只要誇他就好了吧。」

「應該會帶來好的影響。」

父母基於這種想法而對孩子說的話，反而會阻礙孩子的自我效能。

請先回想一下，平常你是否會對孩子說「你好聰明」「你做得到」「去做就做得到」呢？如果有，從今天開始，請不要說這些話。

誇獎孩子「很聰明」只會造成反效果

有一份針對數百名國小五年級學童的研究。

研究方式是讓這些孩子做了某種智力測驗後，將他們分成兩組，誇獎其中一組孩子的能力：「做得很棒，你很聰明」；對另外一組則讚美他們的努力：「做得很棒，你很努力」。

在這個時間點，這兩組的成績其實完全一樣，但不同的一句話卻會讓孩子之後的表現大不相同。

能力受到稱讚的孩子，之後會逃避新的困難課題。另一方面，因為努力而受到誇獎的孩子，有九成會選擇進行新的挑戰。

接著，再讓這兩組進行高難度測驗，兩組的孩子結果都不理想。其中，被稱讚聰明的孩子會感到沮喪，認為「自己很笨」，而因為努力受到誇獎的孩子，則會覺得「這些問題很難，我要更努力」，他們不認為解不出難題是一種失敗，也不會覺得解不出題目是因為自己很笨。

這兩組在解題過程裡樂在其中的程度也有差異。因為能力而受到讚美的孩子，只有在順利解題時才覺得開心，而因為努力受到誇獎的孩子則認為，困難的問題反而更有趣。

「你很聰明」可能是父母經常掛在嘴邊的一句話，這樣並無深意的一句話，讓孩子感覺到的不是「爸媽在幫我加油」，而是「爸媽在給我打分數」。與孩子相處時，我們必須知道話語的影響力，說話時也要更加留意。

由「恐懼」引發的行動無法走向挑戰

當孩子認為學習的意義是向周遭證明自身能力，就會執著於完美。即使拚命努力，還是無法樂在其中。而且，當孩子覺得自己無法做到完美，就會開始拖延逃避。

這是因為，孩子的行動不是出自於「愛」的理由，例如「想去做」或「想成長」，而是來自做得不完美就會被貼上「廢物」的標籤，以及得不到愛的

「恐懼」。在先前提到的研究中也已經證實，誇獎孩子的能力會讓他們產生這種想法。

和日本人一起共事時，我發現每個人工作都做得很棒、很完美。然而，我常覺得大家都是抱著不要犯錯的想法在工作。工作時心裡的情緒是恐懼，而不是愛或好奇心。許多時候，我們都可以回頭想想自己行動的理由是恐懼還是愛。希望各位能教導孩子不要在意評價或失敗，要持續挑戰，以快樂和愛為人生的原動力。

教導孩子「挑戰本身就是最有意義的事」

大人經常會說：「你很聰明一定做得到。」這也是一句會讓孩子以為自己一定要順從父母理想的發言，必須謹慎以對。「你很厲害」和「好孩子」這類讚美，會勒緊孩子的脖子，逼迫他們一定要做到，一定要當個好孩子。

「你只要去做就做得到」也是一句乍聽之下似乎很相信對方，其實隱含著「你現在沒做到」的貶意，並不認同孩子現在的狀態。

那麼，我們該對孩子說哪些話才好呢？

「只要去做，之後就會做到了。」

「或許無法全部做到，但可以從中學習。」

「沒辦法保證一定會有好結果，總之先試試看吧。」

重要的是必須告訴孩子，挑戰本身就是最有意義的。大人的話語最好能讓孩子覺得，「並不是只有好結果和成功才是行動的目的」。

從五年級學童的研究可以看出，光是大人的一句話，就能瞬間帶來效果。當這句話一直留在孩子的腦海中，便能持續發揮效果。

話語的力量非常驚人，正因如此，找到並使用適當的話語非常重要。相信現正閱讀本書，想要了解哪些話對孩子才好的讀者，一定能培養出孩子的自我效能。

試著做做看，從中成長，讓它成為你的成長原動力

就算失敗也好，連續遭遇失敗也沒關係。事實上，孩子可能一直都無法成功，或是因為沒有好結果而悶悶不樂。

這時，重要的是別停在原地，要鼓勵孩子「試著做做看，從中成長，讓它成為你的成長原動力」。

如此一來，孩子就能把失敗當成通往成功的一個過程，能夠繼續挑戰，努力前進。失敗與成功並不是相反的，其實它們都在同一個方向。

孩子天生就想挑戰各種事物，也懷抱著即使現在做不到，將來也有一天能成功的期待。他們原本就有自我效能。

因此，父母只要適時鼓勵孩子，讓他們發揮自己內在的自我效能就好。不需要灌輸孩子什麼概念。

孩子受到鼓勵之後，就會發生變化。他們會覺得「父母認同我」「努力就能進步」「挑戰很重要」，會變得更勇於挑戰，世界也會更寬廣，愈來愈充滿歡笑。

第2章

培養「自我效能」的一句話

這一章將介紹在各個情境中，父母「能培養孩子自我效能」和「無法培育孩子自我效能」的話語。各個情境按照「一切順利時」「失敗時」「孩子行為有問題時」「沒有幹勁或自信時」分類，請挑選符合自己日常生活的項目閱讀。心理學和育兒都沒有正確答案，隨著狀況、親子關係與孩子的年齡不同，情境也會有所差異。以下介紹的是多數人嘗試後都有效果、泛用性較高的方法，請務必嘗試看看，仔細觀察孩子的反應，費心調整對孩子說的話。能不能產生「試試看」的念頭，其實也考驗著父母的自我效能喔！

培養「自我效能的一句話

①

一切順利時

或許有些人認為，比起孩子遭遇失敗或感到困惑，成功時父母要鼓勵他應該會比較簡單，但事實並非如此。

接下來將介紹孩子成功與一切順利時，能夠培育自我效能與無法培育自我效能的話語。若您發現「這句話會阻礙孩子『嘗試』的念頭」，請改成能夠提升他們自我效能的說法。

①順利成功時，要誇獎孩子努力的過程

孩子上小學後，父母們都會擔心他是否跟得上課業進度，考試都考幾分。孩子也很了解父母的擔憂。因此，考了好成績，就會馬上來跟父母報告。

「我數學考了一百分喔！」

父母聽到就會十分開心，覺得孩子做得很棒，因而常會說出：

「因為你很聰明啊。」

「真是天才。」

「你本來頭腦就很好。」

這些回應都不恰當，請把它們轉換成提升孩子自我效能的說法，例如：

「你很喜歡數學，所以很努力學啊。」

「因為你每天都有在練習啊。」

讚賞孩子的努力多於結果

「很聰明」「天才」「頭腦好」這些話語讚美的是對方的才能或能力。一般常認為，只要是稱讚孩子就好，但其實這些言詞同時也具有束縛對方的負面效果，必須特別留意。

當孩子被誇能力很好，會覺得自己得到了好評價，也可能因此覺得，「我一定要當個聰明人」「不聰明的我沒有價值」。這時，孩子就會誤以為自己的存在價值是「聰明」，因而感到有壓力與不安，認為自己必須一直維持聰明的形象不可。

請改變成稱讚孩子努力的話語，例如：

「你好棒喔！都沒有放棄，一直堅持到最後。」

「媽媽／爸爸有看到你很努力喔。」

我把這種讚美方式稱為「歷程聚焦／聚焦於過程（process focus）」。

當孩子接收到這一切無關能力、努力本身就很棒的訊息後，就會充滿「下次也要努力」的挑戰衝勁，進而擁有「下次也能繼續努力」的自信。

相對地，如果孩子以為「做得到是因為我是天才」，做不到的時候就會開始鑽牛角尖，覺得「我真的很笨，很沒用」，同時也會避免犯錯，以保護自己聰明的形象。

我是從在大學當諮商師的時候開始深刻感覺到這種狀況。那間大學有各種背景與性格都不同的學生，我發現有許多鄉下出身的好學生，在大學裡都感到十分痛苦。

這些孩子從小在鄉下村子裡被稱為神童，他們的自我認同只有「頭腦比別人聰明許多」。然而，上了大學後才發現，學校裡有太多比自己聰明的人。會產生「和這些真正的聰明人比起來，自己簡直是笨蛋」的想法也是可以理解的，這些孩子因此感到受傷，失去自信，過去支撐他們的地基崩塌四散，他們因此產生了危機感與焦躁不安。

如果這些孩子在成長過程中是因為努力而受到讚美，我相信他們一定會有不一樣的反應。

輕率地決定「那個人是天才」並不恰當。

我先生經常看奧運等運動會轉播，他也都會在孩子面前感嘆：

「這個人真是天才。」

「他從出生的時候起，一定就跟別人不一樣。」

這時，我一定會修正他的說法：

「對方才不是天才，是非常努力的普通人。」

這個社會非常容易忽略努力的價值，首先，我們必須從家庭教育開始改變這一點。

讚美努力比誇獎才能更重要。

②孩子快速學會新事物，做得也很完美時

孩子只教一下就在考試時考了一百分，或是馬上學會新的運動時，有些父母會這樣誇他：

「都沒有念書還能考這麼高分，好厲害！」

「一題都沒錯，真完美。」

「只教了一下你就學會了，很有天分。」

「真棒！一下就學會了。」

這種誇獎方式並不恰當。請改變成提高自我效能的說法，例如：

「你一直很有毅力在練習，答對的題目愈來愈多了。」
「你很專注。」
「你練習了很多次，所以速度變快了。」

請多強調孩子是經過努力才獲得現在的成果。

比起速度與完美，請稱讚孩子的努力，孩子就能學會盡力

大人很容易注意到孩子很快就做好了，做得很完美，也常會忍不住這樣誇讚孩子。不過，這類讚美的話語，會讓孩子覺得花費時間努力反而是證明自己不夠聰明，就此變得無法努力。或是誤以為不夠完美就沒有意義，無法容忍不完整的狀態。這將會演變成很嚴重的問題，畢竟，很少人一開始就能把事情做得完美。

有一次，女兒的同學來我們家玩，我聽說這位同學的弟弟才一年級就拒絕上學，不禁大吃一驚，我問她：「弟弟在學校是不是遇到什麼難題？」她在回

答這個問題之前，先是花了好大一番功夫跟我強調她的弟弟有多聰明。

「弟弟雖然沒去學校，但是他真的很聰明。問他數學的問題，他馬上就回答得出來，想都不用想。他真的真的很聰明。」

聽了這句話，我大概想像得到，這個小男孩為什麼不去上學了。這個男孩出生在富裕家庭，備受期待，大人想必一定時常稱讚他是天才、神童，很快就能學會各式各樣的新事物。

我接著問小女孩：「弟弟在學校有遇到什麼討厭的事情嗎？」她告訴我弟弟在學校的學習狀況不理想，雖然他「真的」很聰明，但是閱讀表現得不好，也因為這樣鬧了脾氣。誇獎孩子很快就學會、不努力就能學會，等於告訴孩子，「必須努力就代表你沒有能力」，學校也自然成為令孩子坐立不安的地方。

如果大人當初是告訴孩子努力很重要，只要努力就能慢慢進步，相信這個孩子一定能度過這個考驗。我想到這裡，不禁有點難過。

完美也是一樣的道理。大部分事情在能完美做到之前，都要經過三十%完成、六十%完成、八十%完成的階段逐步成長，最後才能到達完美。誇獎孩子的完美，會讓孩子把九十分或不完美當成失敗而無法接受，因此無法成長。

比起讚美孩子做得多快、多完美，請盡量針對孩子「用什麼方法、付出多少努力、做了什麼選擇」的過程給予反饋。

不要誇獎孩子的速度與完美，請注意他三十%、六十%逐步成長的過程。

③注意「堅持」「仔細」等氣質與人格特質

有個小男孩很愛玩積木，做了一座精緻的作品給媽媽看。媽媽心想，聽說聰明的人小時候都是玩積木，好高興我兒子也是！不過，這時候，不可以這樣誇孩子：

「你能做出這麼厲害的作品，書一定也能讀得很好。」

「喜歡玩積木代表你很聰明。」

請改成能夠提升孩子自我效能的讚美方式：

「小地方也做得很仔細，好棒。」

「你花了很長的時間，好有耐心。」

多注意孩子性格上的強項

父母一定會在意孩子的能力，總是忍不住注意孩子「能把哪些事做到哪些程度」。其實，父母應該更在意的是孩子性格上的強項，例如親切、勇敢、堅毅、有創意、誠實、幽默……等等。這些性格上的優勢，其實會對孩子的技能與才能有很大的影響。

超級業務員之所以能夠接二連三成功簽約，很難單純歸因為營業技巧或才能優異。或許是因為他很誠實，因此獲得顧客的信賴，或是他很幽默，總是和顧客談笑風生，又或許是很有毅力，才能一直聽顧客滔滔不絕。這些性格上的特點也有很大的貢獻。

若想關注孩子性格上的優點卻難以做到，我這裡有一個好方法。我們都是因為愛孩子，才特別會去看孩子的不足之處。不過，有缺點的地方就有優點，父母一定要好好找到這兩者。

看到孩子性格上的缺點（弱點）時，要注意缺點的背後一定也有優點（強項）。看到的是正面還是背面，會決定我們認為孩子是好孩子，還是壞孩子。

為人父母特別容易看到孩子的弱點，這是無可奈何的事。不過，看到孩子性格上的缺點時，也是找到孩子優點的好機會。請把背面翻到正面，好好認同孩子的優點。

「優柔寡斷」是「溫柔和善」。

「頑固」是「堅定」。

「安逸」是「刻苦耐勞」。

「木訥」是「深思熟慮」。

當父母這樣想，就能漸漸發現孩子的優點。

孩子最喜歡父母誇獎自己的個性，因為這種誇獎的理由非常簡單明瞭。孩子會坦率接受父母的誇獎，進而了解自己的價值。用這種方式建立自信的孩子，會積極挑戰事物。

請試著讚美孩子的個性，提升孩子的自我效能。

誇獎孩子的個性，孩子的能力也會跟著成長。

④孩子圖畫得很好時，可以誇他「很會畫畫」嗎？

孩子常會畫了一張畫就拿來喊：「媽媽！妳看！」媽媽總是很忙，一不小心就會眼角餘光一瞄，隨口稱讚：

「你畫得好棒喔！」

「你好有畫圖的天分。」

這種誇獎孩子作品完成度與能力的說話方式，並不恰當。

請試著換成提升孩子自我效能的說法。

「這個粉紅色跟紅色好有趣。」

「大象鼻子畫得很立體，你很用心喔！」

「這裡是什麼？」

只要說出身為父母的心情就好

我們總是會忍不住說出「做得好好」「你很有天分」，其實這種「讚美」是沒有必要的。只需要直接說出你的感受就好，例如「媽媽很喜歡這裡」，或是問孩子「為什麼要用這個顏色」。

這種方式不會觸及能力的問題，而且可以讓孩子感受到父母對自己的關心。「畫得好好喔」是隨便一瞥就能說出的讚美，而繪圖手法和你的感想，是要仔細看過之後才能說出來的。

如此一來，孩子就能感覺到父母不是給他打分數的人，而是關心他、重視他喜歡的事物，給他加油的人。

與其誇獎孩子「做得好」，不如表示你對他的關心。

⑤不區分優劣的巧妙誇讚法

親師座談會的教室裡陳列著孩子們的作品。孩子一想到父母看到自己作品的模樣，就開心得不得了，一回家就奔向父母，纏著問「我的作品很棒吧，我做的最棒對不對？」父母很開心，也希望孩子能有自信，常會這麼回答：

「嗯，你做的最棒了。」

「真是小天才！」

其實，這種稱讚方法不恰當，請試著換成提升孩子自我效能的說法。

例如：

「做得比之前更好呢！」
「媽媽／爸爸覺得這個綠色好好看。」
「你做的時候有特別注重哪裡嗎？」

誇獎孩子時不要用比較的方式，不談論能力

請先同理孩子的情緒，一起感受喜悅。對孩子說「你的作品好棒」是很好的讚美，但須注意，誇獎時不要和其他孩子比較，例如「你的作品是全班最棒的」，也不要提到能力，例如「你很有美術的天分」，這兩點很重要。

孩子自己也會想要比較，當他們說出「我比別人好」，強調自己的能力，請巧妙地轉移話題重點。

基於「能力比別人強」而得到的自我肯定非常脆弱，很容易就會崩塌。不

論是誰，都無法永遠在競爭中獲勝，不斷證明自己很優秀。一定會有比自己更優秀的人出現，這時，自我肯定就會立刻崩垮。若希望孩子能建立「不論什麼樣的自己都好」，堅定不動搖的自我肯定，父母就必須注意孩子的「行動」多於「結果」，並讚美孩子努力的過程。

感覺自己比別人優秀並不會帶來任何好事。請不要把孩子跟別人比較，而是跟孩子以前的狀態比較，找到他有所成長的地方。詢問孩子：「你做的時候有特別注意哪裡嗎？」能讓孩子從與他人比較的心理轉換到檢視自己的行動過程。接著再告訴他：「你花了很多心思做這裡。」讓孩子自己也具體注意到自己努力的地方。

請引導孩子說出具體的陳述，誇獎孩子本身的成長。

⑥當孩子跟你分享開心的事

「媽媽／爸爸，老師誇我今天在國語課寫的詩用詞很有趣、生動，寫得很好喔！」

「今天班上來了一個轉學生，我開玩笑逗他笑，老師跟我說謝謝喔！」

當孩子今天發生了開心的事，第一個跑來跟你報告時，請避免做出以下這些回應：

「老師一定很期待你下次寫出更好的俳句。」

「好棒喔！對了，你今天的作業寫完了嗎？」

請試著換成提升孩子自我效能的說法。例如：

「哇！好棒喔！跟媽媽／爸爸說你寫了什麼句子。」

「你逗轉學生笑，他是不是就不緊張了？老師誇獎你，你的心情如何？」

一起為了好事開心，就能得到孩子的信賴

當孩子向你報告「今天有一件很開心的事」，請先陪著他一起高興。開心的事就是開心，這種感受會讓孩子產生下次還想再試試看的想法。而且，孩子也會感受到「媽媽／爸爸是愛我的」，進而加強親子關係。

父母在孩子被欺負或傷心難過時，會希望孩子跟自己無話不談。想要培養這樣的默契，平常就必須關心孩子的好消息，和孩子一起開心。

人會信賴一起為了好事開心的人。在遇到困擾、覺得難受時，也比較容易

對這些人敞開心房，這是因為，你和對方之間的關係已經成為安全的避風港。

用什麼樣的態度聽孩子說話也是重點之一。

關鍵在於「陪孩子一起開心」和「關心孩子」。

想表現出陪孩子一起開心的感覺，可以用擊掌或擁抱加上「哇」「好開心」等等，父母也請試著用跳躍的方式展現肢體語言。

「關心孩子」的重點在於聽孩子說話的方式。不可以一邊做菜或打掃，一邊背對著孩子聽他說話。請在自己能做到的時候，放下手邊的工作，用身體稍微前傾的姿勢，面對面聽孩子說話。

回應時，別只說「好厲害」「好棒喔」就結束，請繼續關心事情的過程與孩子的心情，例如：

「老師誇你的俳句哪裡寫得好？」

「轉學生為什麼笑得這麼開心？」

「你那時候有什麼感覺？」

建議多問孩子一些能引發對話的問題，一起享受喜悅的心情。

請用全身表現出「你高興，媽媽／爸爸也會跟著高興」，這麼一來，就能提高孩子的自我效能，產生「下次再試試看」的念頭。

「孩子主動報告好消息」是很好的機會，一定要好好利用。不須等待孩子先開口，父母也可以試著主動詢問：「今天有沒有發生什麼好事？」

若有令人高興的好消息，要跟孩子一起開心。

⑦成功時要找到「理由」

「我會跳二迴旋了！」

女兒花了兩個月一直在練習跳繩，終於學會一跳二迴旋，開心跑來跟父母分享。這時，可別這樣回她：

「接下來妳要學幾迴旋？」

「好棒喔。對了，明天去上鋼琴課的時間……」

請試著換成提升孩子自我效能的說法。例如：

「好棒喔！妳是怎麼學會的？」

「妳一直在練習呢！是怎麼學會的？」

讓孩子發現自己的「長處」

請先說「好高興喔」「真棒」，跟著孩子一起開心。接著，再問「詳細情況」，詢問孩子成功的祕訣。孩子挑戰成功時，可以多問問「你為什麼做得這麼好」。

「你覺得為什麼會發生這種好事？」

「那時候你做了什麼？」

找出成功的原因，孩子就能發現自己的長處。

而孩子認為自己有長處，接著就能繼續努力，這種變化就是自我效能提升。

我兒子打棒球時會害怕，不敢全力揮棒，經常被三振。當他第一次打出全壘打，比起讚美全壘打這個結果，我更注重的是詢問：「你覺得自己為什麼打得出全壘打呢？」「打出全壘打的時候，你感覺如何？」

此時，兒子會回答：「因為今天我沒有中途放棄，鼓起勇氣全力揮棒了」。當我詢問孩子成功的理由，他就能自己發現「我很有勇氣」。

成功的理由比失敗的原因更重要。

⑧如果老師只誇獎孩子的能力或結果

有時，當你在家拚命讚美孩子努力的過程，卻發現孩子的才藝老師或體育教練會誇孩子：「你的孩子真的很厲害，是天才。」時該怎麼辦？

這時，不可以謙虛地說：「沒有啦，完全沒有，他在家都很散漫。」父母的這些話，孩子其實都聽進了耳裡。

請先回「謝謝」，感謝對方的讚美，接著再詢問具體的過程。

例如：「是哪一點讓您有這種感覺呢？」

具體問出狀況，和孩子談談過程

詢問教練或老師是看到孩子的哪個部分才想誇獎他，就能得到具體的答案，例如：

「他很堅持不放棄，一直追球追到最後。」

「早上他都會很早來，很守時。」

跟孩子分享時，一定要告訴他這些具體的細節。別只說「教練說你是天才」，要聚焦在事情的過程，例如：「教練說你都不放棄，一直在追球」。

不區分優劣的誇獎方式，更能讓孩子擁有健全的自我肯定。同時，這樣的讚美也能強化孩子的自我效能，讓他產生「接下來也要嘗試各種挑戰」的想法。

請把其他人籠統的讚美轉化成具體的說法告訴孩子。

培養「自我效能的一句話

②

「失敗時」

上一章提到，想要自然提升自我效能，大人需要注意孩子成功、順利時的誇獎方式。但更令人感到棘手的是，在孩子失敗或做不到時，我們該說些什麼呢？
太過在意「讚美方法」或許會讓我們不知道在孩子失敗時該說些什麼才好。不過，重要的是聚焦在「過程」。其實，孩子失敗時大人該說的話，跟成功時沒有太大的差異。

⑨認同孩子的負面情緒

失敗時，最沮喪的是孩子自己。因此，大人要先認同孩子難過的情緒。

不可以說「你真的很糟糕」，這會造成孩子的二度傷害。

也不要用「沒關係，你很聰明」輕輕帶過孩子沮喪的心情。

首先要同理孩子的情緒，告訴他：**「我知道失敗了你很難過」**。

難過的情緒受到認同後，就能自然轉換

前職業高爾夫選手宮里藍有一次輸了比賽之後打電話給她的父親。宮里選

手一開始和父親說「我好不甘心」「為什麼會這樣」，傾訴自己沮喪的情緒。

她父親這時的回應是：「我想妳一定很不甘心」「妳一定很難過」，對女兒的情緒展現出同理心。

過了不久，電話另一頭的宮里選手就開始說：「啊，那我下次這樣做就會順利」「換個方法就好了」「我知道了」「拜拜！」然後掛斷了電話。

平時，當父母看到孩子表現出負面情緒，往往會覺得孩子很可憐，因而忍不住否定孩子的情緒。不過，人本來就是「希望獲得理解」的生物，愈是遭到否定，愈會覺得「所以我就說我很不甘心了嘛」「我說我很難過啊」，情緒反而會更加激烈。希望各位能夠了解，負面情緒在遭到否定後會愈加嚴重，獲得接納後就會平息。

或許家長會覺得自己並沒有與孩子有相同的情緒，因此無法同理。其實，不是一樣的心情也沒關係。感受到一樣的情緒是「同感」，而不是「同理」。

舉例來說，當朋友向你抱怨「我老公完全不做家事」，你也跟她一樣生氣：「怎麼可能，太離譜了！」此時，這樣的反應就是「同感」。

而同理指的是「認同對方有這樣的想法」。

我們不需要和對方有一樣的情緒，只要尊重對方的感受就好。以前面的例子來說，就是「先生完全不做家事，妳一定很生氣」。同理是嘗試理解對方現在的感受，並接納這樣的情緒。

父母只要對孩子的情緒有同理心，通常孩子會自己度過情緒的難關，切換到下一個階段。若孩子沒有自己轉換心情，請告訴他「不是只有你會這樣」，進一步討論理想的未來，例如：「你覺得怎麼樣才是好的」「你能做些什麼才能達到目標」，也可以參考下一個小節的案例。

以同理心接納孩子的難過情緒，孩子自然就會積極向前。

⑩孩子考上好學校，卻因課業沒有進步而感到煩惱

假設你的孩子考上了志願的學校，入學後卻遇到許多不順利的煩心事，這時你會怎麼關心他呢？

「你都考得上了，這麼優秀，一定沒問題」

這種說法並不恰當，請試著換成提升孩子自我效能的說法。例如：

「誰都有這種時候。」

「媽媽（爸爸）當學生的時候也是這樣。」

碰到這種狀況，父母很容易因為想給孩子信心而說出「你都考得上了，這麼優秀，一定沒問題」。

然而，鼓勵孩子「你很聰明所以做得到」只會造成反效果。

這種鼓勵方式，只會讓孩子感受到「不可以失敗」的壓力。當他們害怕失敗會辜負他人的期待，就會無法鼓起勇氣去挑戰。

人並不完美，每個人都會遇到類似的情況。首先，請對孩子的情緒產生同理心，例如：「事情不順利你一定很難過」，認同孩子的情緒，再告訴他「不是只有你會這樣」。

別說「你做得到」，請說「有時候就是做不到」

加州大學柏克萊分校曾在校內做過一項研究。

把一些在很難的考試中成績不佳的學生分成兩組，告訴其中一組「你都考進柏克萊了，沒問題」，並告訴另一組「不是只有你考差，任何人都有做不到的事」。

之後再追蹤學生們為了下次考試做了多少準備，結果發現，被告知「人類不完美」的那一組學生讀書比較認真，成績也有所進步。

我平常一直提醒自己不要對孩子說「你很特別」，避免讓孩子以為自己是特別的。因為這句話代表著比較與打分數，會阻礙孩子的自我效能。如果說誰是特別的，那麼這個世界上的所有人都很特別。每一個人都是獨特的，但並不特別。

請告訴孩子，每個人都有做不到的事。

⑪就算孩子打翻杯子，也不要責罵他的失敗

孩子從很小的時候就會想要自己動手做事。但父母可能因為忙著做飯，沒辦法陪著孩子一起做他想做的事。

例如，父母可能會看到孩子想把裝了水的杯子拿到餐桌上，但雙手握不穩，果然下一秒就打翻了。

這時，父母可能會說：

「你做不到就不用做。」

「我現在很忙，不要讓我更忙好不好？」

這種反應並不恰當，請試著換成提升孩子自我效能的說法。例如：

「打翻了耶。媽媽／爸爸現在在煮飯，你可以自己去擦嗎？」

若受到父母批判，孩子就會失去衝勁

希望父母們先注意的是，不要對孩子使用「批評」等暴力性語言。

例如前面例子中的「不用做」「不要讓我更忙」，之所以不恰當，是因為這些話否定了孩子自己拿杯子的行動，也就是否定了孩子的熱情與感受。

對孩子的自我肯定殺傷力最大的，就是父母的批評。受到父母批評的孩子，「想幫忙」的念頭會一下子全部消失，同時感到「我很沒用，是笨蛋」，甚至再也不會想做同一件事了。當孩子覺得「不可以失敗」，就會造成問題。

孩子想幫忙做事時，正是提高自我效能的大好機會。不過，孩子當然也可能遭遇失敗。

孩子打翻水或遇到其他狀況時，他們也非常了解自己的失敗，因此父母要注意別再打擊孩子。而且，就算責罵孩子，父母們的情緒也無法平復。

這時，請告訴孩子：「你幫媽媽／爸爸做這件事，媽媽／爸爸很開心」。

請用「你自己的想法」，告訴孩子你希望他怎麼做，孩子就能了解自己該做什麼，也會產生試試看的念頭。

「打翻水不擦乾會一直濕濕的，你幫媽媽／爸爸擦乾好不好？」

這樣表達，孩子就會知道事情該怎麼解決，情緒也會跟著平復。

對父母來說，可以說出「你這樣做，媽媽／爸爸也會比較開心」，告訴孩子你希望他怎麼做，也有助於平復你的心情。父母與孩子都覺得「我很ＯＫ」的時候，事情就會往好的方向發展。

當孩子失敗，不要責備他，請告訴他「你去做這件事，爸爸（媽媽）很高興，你幫了大忙」。這是一種叫作「非暴力溝通」的高階技巧。

不要批評，而是告訴他你希望他做什麼。

⑫孩子考試成績不好時

孩子考試成績不好時，父母會擔心孩子課業進度是否跟得上，或是自己的育兒方式是不是有問題。

這時，千萬不可以說：

「你考這是幾分啊？真是不敢相信。」

「為什麼沒有考一百分？」

「你真的好笨喔！」

這種反應並不恰當，請試著換成提升孩子自我效能的說法，例如：

「考了四十分，感覺如何？」

「哪些地方是你會的，哪些你還不會？」

「下次想考幾分？」

「為了下次的目標分數，現在可以怎麼做？」

「爸爸媽媽可以幫你什麼忙？」

放眼未來，別回頭看過去

失敗的時候我們往往會想問「為什麼」，但這其實沒有什麼效果。被問為什麼，會讓人覺得受到責備，而且因為失敗了，就算找到原因，也不知道是不是真的。建議在順利成功時再來探究原因。如果孩子拿到了四十分，可以問他是懂了哪些部分才拿到四十分。

孩子成績不佳時，父母和他說話請注意以下三個重點：

1 比起事件本身，更須注意孩子的心情。

2 別把孩子的能力當成問題，行動與過程才是問題所在。

3 與其討論問題的原因（過去），不如多談談理想的未來和向前邁進的方法。

關心孩子的情緒很重要。如果是平均得分只有六十分的超難考試，孩子可能考了四十分就已經很滿意，也有可能因為準備得不夠而十分懊悔，或是已經很努力唸書卻還考不好，連自己也難以置信。充分了解孩子的情緒，之後的努力方向也會隨著孩子的反應而有所不同。

重要的是，請不要斥責或處罰孩子。如果孩子害怕被罵，就可能像哆拉A夢裡的大雄一樣，把考低分的考卷偷偷藏起來。

這樣一來，父母就不知道孩子在煩惱什麼，孩子也不知道接下來該怎麼做。孩子失敗時，最煩惱的是他自己。請成為孩子的啦啦隊，和他一起思考。

還有，別把孩子的能力與性格當成問題。要是把孩子成績不佳的原因歸類成笨、就是學不會、散漫等智力與性格問題，孩子會因為這些因素無法立刻改變而喪失希望，反而更感到無力。相比之下，把原因歸為行動問題，例如念書時間不夠，或是沒有弄懂某個公式，孩子才會懷抱下次改善就好的希望。

最後，請不要追究已發生的事，例如「為什麼沒有考一百分？」該做的是詢問孩子的理想：「你想要考幾分？」接著，再跟孩子一起思考，做什麼才能接近目標，這樣就能看到該踏出的下一步，孩子也才會產生「試試看」的念頭。在某些狀況下，詢問孩子「爸爸媽媽可以幫你什麼忙？」讓孩子知道父母想幫助他，或許他會比較放心。

不要追究失敗的原因，該討論的事是什麼樣的行動可以改變未來。

⑬孩子因爲事情不如己意而痛苦時

當孩子跟你說：「沒辦法決定午休時候要跟朋友玩什麼，好煩惱喔！」請不要這樣回他：

「這不是什麼大問題吧？」

「都是你猶豫不決，下次你決定就好了啊！」

這種反應並不恰當，請試著換成提升孩子自我效能的說法，例如：

「你覺得怎樣才好？」

「你認為怎麼做才能達到目標？」

問孩子什麼是他理想的未來，達成的方法又有哪些。

把眼光放遠到「理想的未來」

我兒子在學校的午休時間一直都是五個人一起玩，其中一個人想打籃球，一個想玩鬼抓人，另一個人想踢足球，大家的意見都不一致。兒子提案：「那我們先打籃球，之後玩鬼抓人，明天再踢足球。」但大家並不贊成這個意見，兒子因此心浮氣躁。

聽到孩子有這種狀況時，非常適合使用「理想未來問句」。建議父母先說：「因為無法決定要玩什麼所以你很煩惱啊？」對孩子的心情表達同理心，接著再問：「你覺得怎樣才好？」

兒子說：「我希望決定好要玩什麼，午休時間可以好好跟大家玩。」

我接著問：「你可以怎麼做才能達到目標？」

兒子回答：「不知道。大家如果聽我的意見，就可以開開心心玩了。」

最理想的狀況是兒子能說出「自己」而不是「大家」能做些什麼。不過，問這個問題的目的並不是找出答案。問題本身就有意義。

我的提問讓兒子開始思考「理想的未來」，從尋找問題原因與怪罪他人的迴圈中掙脫。

和兒子談過之後，我發現自己幫不上忙，就跟他說：「媽媽也不知道現在該怎麼辦，等下次你們順利決定要玩什麼再告訴我。」

這時，要請孩子注意觀察「事情順利解決的情況」，而非「不順利的時候」，這個方法才會更有效果。

隔天兒子放學回來，從玄關一路跑進來對我說：「今天我們決定了午休要玩什麼！」聽到他這句話，我十分驚訝。

出乎預料，這個方法的效果發揮得真的很快。

只要詢問孩子理想的狀態是什麼，孩子就能自己解決問題。

⑭孩子因爲「算數學很慢」而沒有自信時

當孩子沮喪地說：

「媽媽／爸爸，數學練習的答案卷發回來了，我錯了一大堆，老師叫我要好好認真學。」

「我算數學的速度好像比別人慢。」

「我學不會數學。」

父母該怎麼回應他呢？

請不要這樣回他：

「因為你都不認真，當然考不好。」

「你偷懶不唸書才會這樣。」
「別人都很努力。」
「你沒有好好練習。」
「你根本不想學。」

這種反應並不恰當，請試著換成提升孩子自我效能的說法，例如：

「沒關係，只要練習就會進步。」
「多練習就會學會，媽媽／爸爸也來幫你。」

教他「多練習就會變好」

父母本身對「能力」的想法，會大大影響自己對孩子說的話。

如果父母覺得「能力是天生的」，就會認為「這孩子沒有數理天分」「天生就不擅長數學」。不過，若是父母認為「能力可以後天培養」，就能鼓勵孩子「沒關係」「只要練習就能做到」。

我的大兒子從五歲開始就住在紐約，日文不是他的母語，因此學得很吃力，常常沒有幹勁，不肯繼續學。每次都是我把他拉回來，要他坐在書桌前。

當我知道「努力就能讓能力與才能成長」之後，就能好好跟孩子說：「沒關係，就算你現在讀不會，只要練習就會進步」。兒子聽到我這麼說，就會再次拿起日文書開始讀。這一刻，我深深感受到大人的話語有多能引發孩子的幹勁與熱情。

不論什麼時候開始學習，愈努力就愈能讓能力成長，我們要抱持這種肯定性的想法。以下是幾個適合告訴孩子這一點的時機。

- 不要責備過去發生的事，像是「因為你之前都不努力」，要述說未來，「之前的練習時間不夠，接下來要多練習一點」。
- 不要把問題歸因於孩子的性格，例如「因為你很懶惰」。
- 告訴孩子你隨時都做好支援他的準備，例如「媽媽／爸爸能幫你什麼忙嗎？」

告訴孩子多練習就會進步。

培養「自我效能的一句話

3

「孩子行為有問題時」

孩子總是不聽話、躁動不安，或是打人、説話粗暴時，父母都會十分煩惱。

如果孩子會聽話就好了，可是就算説了他也不聽，處罰他或罵他也沒有用，甚至比之前更嚴重。父母束手無策，覺得我家孩子沒救了，我是不及格的父母。這時，本章介紹的這些話語，一定能帶給你一些幫助。

⑮孩子無法集中精神

當孩子躁動不已，無法集中精神時，父母可能會忍不住說：

「你為什麼老是這樣！」

「我都講幾次了你就是不聽！」

「你為什麼就是不安靜！」

這種反應並不恰當，請試著換成提升孩子自我效能的說法，例如：

「你剛剛好專心喔！」

「你玩積木的時候很專心，一定也能好好唸書。」

就算只有十秒也好，發現孩子很專心時，就要誇獎他，讓他想起自己精神專注的時候。

幫他找到一％的專注時間

其實，就算是整天毛毛躁躁、無法專心的孩子，仔細觀察後也會發現他有短暫的時間是能夠專心的。這段時間可能是寫作業的十分鐘，也可能是孩子正在做自己喜歡事情的時候。

人的心理是由「感情」「思考」與「行動」三個元素組成，三者會持續保持一致。也就是說，人有什麼想法時，「思考」會直接影響「行動」。當孩子認為「我就是無法集中精神」，就會真的成為無法集中精神的人。父母的一句話能直接影響孩子的思考。

因此，父母若能找到孩子展現出專注的一％時間，告訴他「你剛剛好專心喔」，會有什麼影響呢？

父母的一句話，能夠轉變成孩子的自我形象，讓孩子知道「我能集中精神」「我是有專注力的」。

如此一來，孩子就能成為真正能夠專心做事的人。

原本只有一％的專注，在建立正面的自我形象後，就能成長到五％、十％，最後學會隨時隨地都能專注。

曾有一位媽媽聽了我的說法後，決定好好找出幼稚園大班女兒的「一％的專注」。

之前，她的女兒一直很怕水，沒辦法讓臉泡到水裡，學習游泳時總是不順利，讓她覺得很煩躁，總是忍不住斥罵女兒「為什麼就是學不會」。

不過，當她沉住氣尋找女兒一％的專注，就發現女兒有一瞬間低下頭讓臉頻碰到水面。

當天課程結束時，她對女兒說：「媽媽看到妳有讓臉碰到水一下下，妳好勇敢。」

即使四十五分鐘的游泳課中，女兒幾乎都沒讓臉碰到水，但她選擇去注意女兒有做到的一小部分。

當她這麼說了之後，下一週開始，女兒就敢讓臉碰到水了，之後很快就學會了游泳，連游泳教練都問媽媽究竟發生了什麼事。

這是因為女兒的自我形象已經成功從「不敢讓臉碰到水的笨小孩」轉變成「雖然害怕但是能夠挑戰的勇敢小孩」。

認為自己「做得到」而努力挑戰時，「做得到」的可能性也會跟著變高。自己內心的想法（預言）會成真（實現）。這種現象在心理學上稱為自我實現預言。希望父母都能藉由鼓勵的話語幫助孩子培養正面自我形象。

就算孩子九十九%都沒做到，還是要把一%做得好的地方告訴他。

⑯父母只看到孩子的缺點

孩子做的每件事都讓你看到缺點，當父母的人忍不住碎念，自己也愈來愈煩躁，大罵之後反而讓親子衝突更加嚴重。但今天卻還是忍不住這樣罵孩子：

「你又沒有好好收玩具，同一件事要讓我說幾次！」

「你真的很邋遢！」

「你是不是故意惹我生氣！」

這種反應並不恰當，請試著換成提升孩子自我效能的說法，例如：

「最近你會自己收鞋子了耶。」

「你愈來愈會收拾了。玩具也要一起收好，謝謝你。」

孩子的缺點和優點都要好好關注

總是只注意到缺點，這在心理學上稱為「負面偏誤（negativity bias）」，這種狀況並非異常，而是理所當然的。

人類大腦的功能之一，就是注意不好的狀況，進而避免危機發生，這是人類共通的生存智慧，也是每個人天生都具有的傾向。

尤其是為人父母者，正因為愛著自己的孩子，才會積極尋找孩子的缺點，希望他改善。因此父母總會覺得，「這孩子這也做不到，那也做不到」，這是理所當然的反應，請先接受這一點。

別自責自己是總看孩子缺點的不及格父母，為人父母，會這麼做都是因為愛孩子。

而且，孩子雖然乍看之下缺點一堆，仔細觀察就會發現也有許多優點。想改變自己的觀點，就要在觀察孩子時告訴自己：「這孩子一定也有優點」「他應該也有自己的長處」，如此一來，就能漸漸看見孩子的好。

父母只在意孩子的缺點，會讓孩子沒有自信，認為「自己做什麼都不會成功」。思考對行動會造成強烈的影響，這種想法會讓孩子放棄挑戰與努力。

想培養孩子的自我效能與自信，父母一定要打開孩子的「優點開關」。父母請先找到孩子的優點，告訴孩子：「你有很棒的特質」。

可以對孩子說：「媽媽／爸爸覺得你做得比以前好很多」「你可以試著用這個優點克服眼前的難題」。

就算父母已經很努力，有時還是會因為「只看到孩子的缺點」而自責。其實我也會這樣。

遇到這種狀況，我會先深呼吸。深呼吸對我而言是打開「優點開關」的暗號。這個行動是我對自己送出暗號，藉此稍微改變大腦的運作模式。深呼吸之後，我看到的事物真的就不一樣了。建議各位也可以試試看，在想嘆氣的時候先做個深呼吸。

老是看到缺點時，請記得按下優點開關。

⑰忍不住一直說「不可以○○」

你是否也會在孩子打了朋友的時候說：

「不可以打他。」

在孩子在圖書館吵鬧時說：

「不可以講話。」

在孩子在公共場合跑跳時說：

「不可以用跑的。」

這種反應並不恰當，請試著換成提升孩子自我效能的說法，例如：

「你要說『借我好不好？』」
「嘴巴拉拉鍊，要安靜喔。」
「用走的，媽媽／爸爸牽你。」

「不可以」只會進一步助長孩子的行為

我兒子小時候體弱多病，經常去醫院報到。我很擔心他已經生病了，再去醫院，萬一又感染其他疾病怎麼辦？有一天，我帶著兒子在鋪著兒童用地毯的候診區等著看診時，我發現地毯上有一塊汙漬。

我心想，那是水漬嗎？不，也有可能是誰在那裡隨地尿尿也說不定。

我才剛剛開口說「你不要去摸」，兒子就像被我提醒一樣，立刻伸手去摸那塊汙漬。我勃然大怒，忍不住打了他的手，大罵：「我不是叫你不要摸嗎！」兒子嚇了一跳，我帶他去洗手，中途又罵了他好幾次。現在回想起來，他實在太可憐了。

人的大腦分為右腦和左腦。許多人都知道，左腦能夠一字一句理解文字資訊，右腦則是負責輸入意象。孩子的大腦以右腦較為發達。

右腦還有一個特徵——它無法理解否定形。

對孩子說「不要摸」，無法理解否定的右腦只會接收到「摸」，接著，右腦會把「摸」具象化，意象對身體的影響非常快速，會直接促使我們行動。

父母拚命阻止孩子的一句話，其實反而促使了孩子採取行動。

聽到不要摸，孩子的身體就會產生反應擅自去摸；聽到不要打，就會忍不住去打；聽到不要跑，就會繼續跑。在持續的責罵中，孩子的自我肯定也跟著遍體鱗傷。

當你忍不住想說「不可以〇〇」，請試著把這句話代換成希望孩子做的事。

對孩子說話時不要用否定句，要用肯定句。

⑱一直罵孩子「像話一點」，但孩子就是不聽

早上，當你忙得團團轉，孩子卻還穿著睡衣躺在床上，等他終於起床，又忙著看電視，根本不吃早餐，接著跟兄弟姊妹吵架。父母也有自己該準備的東西，卻完全沒有時間整理，終於忍不住怒氣爆發，大罵孩子：

「拜託像話一點！」

「不要再拖拖拉拉了！」

「好好做事！」

這種反應並不恰當，請試著換成提升孩子自我效能的說法，例如：

「換衣服吧。」
「吃飯吧。」
「好好相處，不要吵架。」

換個孩子能聽懂的說法

我非常了解各位想說「拜託像話一點！」的心情，真的就是會忍不住說出口。尤其是忙碌的早晨，必須讓一家大小各就各位時，媽媽總是一個人在忙，一不小心就會用很兇的口氣說話。

不過，「拜託像話一點」「不要再拖拖拉拉了」「好好做事」「你要乖」這種含糊不明的說法，其實孩子根本聽不懂。

為了避免自己的怒火爆發，必須好好把希望孩子做的事情說出來。

據說，抽象思考的能力在十二歲時才會發展完成。至少到九歲、十歲前後，孩子可能只聽得懂具體的詞彙，因此，父母也要用具體的說法跟孩子溝通，例如「吃飯吧」「穿鞋吧」。

不這麼表達，孩子聽不懂父母到底在說什麼。

我們必須配合孩子大腦的發育程度，調整跟孩子說的話。

父母之所以會不斷說：

「拜託像話一點。」

「不要再拖拖拉拉了！」

「好好做事。」

「你要乖。」

就代表這些話孩子根本聽不懂。

這時，請仔細想想自己是不是說了孩子聽不懂的話，試著把這些含糊、抽象說法背後希望孩子做的事，轉換成具體的詞彙，直接說出來。相信孩子一定能了解你的想法。

孩子的右腦比左腦發達，因此也建議用意象來表達希望孩子做到的事，或是畫成畫貼在牆上。把早上該做的事畫成圖畫貼在牆上，告訴孩子：「要像公主一樣吃飯」「像忍者一樣安靜」，會有很好的效果。

不要用抽象含糊的說法，對孩子說的話要具體。告訴孩子你希望他做什麼。

⑲孩子個性倔強不服輸

家人團聚在一起玩遊戲同樂時，輸贏並不是重點。然而，有些孩子的個性倔強不服輸，輸了就會鬧脾氣，家人一個頭兩個大，氣氛也變得很差。這時，不可以對孩子說：

「輸了就這種態度，太誇張了吧！」

「媽媽／爸爸討厭會這樣鬧脾氣的小孩！」

這種反應並不恰當，請試著換成提升孩子自我效能的說法，例如：

「輸了好討厭喔，媽媽／爸爸有時候也會這樣。不過，有時候就是會輸啊。」

「學會服輸，玩遊戲會更開心喔。我們來練習看看吧！」

幫助孩子接受失敗，慢慢成長

父母總是誇獎孩子的能力，可能會讓孩子以為「做不到這件事，我就得不到愛」，甚至因此無法接受失敗。

因此，父母平常就要留意，別誇獎孩子的能力，盡量把讚美的重點放在孩子努力的過程上。

另一方面，雖然有個人差異，但七歲前的孩子大腦多具有「自我中心」的特質，無法平心靜氣接受輸掉的事實。我自己的孩子在這個年紀時，玩遊戲輸了也會哭鬧。

如果孩子年紀還小，就算輸了會發怒或鬧脾氣，父母也不用責罵或嘗試改變他，請把這種狀況當成孩子的成長階段之一。

一般而言，七～九歲的孩子才會同時具備自己與其他人的觀點。

在孩子學會服輸之前，父母請表現出對孩子的理解，告訴孩子：「讓我們一起練習怎麼輸吧」。

把輸了之後感到懊悔、不甘心的情緒，歸咎於孩子的個性與人格問題，並責罵孩子，這是不恰當的反應。

就算孩子現在還無法面對輸掉的事實，也會慢慢成長到能夠接受。學習接納事物的過程比較緩慢，不需要在孩子還小時就命令他接受失敗、接受別人。

也可以在開始玩遊戲前就跟孩子說：

「要是你輸了就哭鬧，我們就不玩了。」

「每次輸了都有人哭，就沒辦法開開心心玩遊戲了。」

如果孩子還是倔強不服輸，父母還可以說：

「就算是輸了，也不是在否定你的人格。」

「輸了才會讓你進步。」

這樣才能讓孩子培養出能屈能伸，靈活有彈性的性格。

有時，孩子可能會不願意把玩具借給朋友，或是一個人吃光所有的零食，父母往往會擔心孩子的將來，害怕他是不是無法跟別人交朋友，因而忍不住發火。請不用太過緊張，這都是孩子成長的過程。

忍耐的能力發育得比較慢，人類平均要到二十四歲才會擁有一般成人的忍耐力。

在我家，有一段時期是，當孩子的朋友要來家裡玩之前，會先把他不想借人玩的玩具收起來。在孩子的成長階段中，強迫他做他不想做的事，會讓父母更常責罵孩子，孩子的自我效能也會變低。父母必須冷靜地一再告訴孩子你希望他怎麼做，也要有心理準備，孩子可能無法馬上學會。請理解這是他的成長階段，慢慢有耐心地教導他。

倔強不服輸和自我中心的思考方式都是孩子的成長過程。

⑳孩子打了朋友！怎麼辦？

去幼兒園接女兒，卻正好看到女兒打了朋友。這時，當父母的你忍不住三步併兩步衝過去，大聲罵孩子：

「為什麼打他！」

「不可以打人！」

這是很常見的情況，但這種反應並不恰當，請試著換成提升孩子自我效能的說法，例如：

「你為什麼要打他？」

「你那時候是什麼心情？」
「下次你要怎麼做？」

先理解孩子的感受，再說「但是……」

「行動」是眼睛看得到的，我們的注意力與意識會先被它吸引。孩子打了朋友時，父母也會先注意到「打」這個動作，因此會忍不住生氣大吼：「為什麼打他！」

然而，真正重要的是，父母必須注意孩子的情緒。父母一定要盡可能保持冷靜，把孩子的行動與情緒分開來思考。首先，請問問孩子出手打人時的心情，孩子會這麼做一定有理由，例如：

「他搶我的玩具。」

「他說了很過分的話。」

這時，請同理孩子的心情，先說：

「這樣啊，你很討厭玩具被搶走對不對？」
「他說了很過分的話，你聽了很生氣是嗎？」

接著，再說「但是……」，告訴孩子為什麼這樣的行動不對：

「但是你還是不可打人喔。」
「你打他，他會痛。」
「你打他，他還是不知道自己哪裡做得不好。」

「說明理由」是很重要的步驟。
孩子在父母接納他的心情之後，也比較容易聽進媽媽的話。

「很討厭。」
「我很生氣。」
「很不甘心。」

請接納孩子的各種情緒，表示出你有同理孩子的感受，藉此讓孩子平靜，重新整理狀況，並告訴孩子：「有些事不能做，因為……」。

父母可以跟孩子說：「我很喜歡你，但不喜歡你去打人。」把孩子的人格和行動分開。人格的問題無法改變，但行動的問題可以從現在開始改善，這樣也能讓孩子懷抱希望。

把情緒和行動分開來看待，冷靜處理狀況。

㉑孩子就是睡不著

孩子就是睡不著。父母也有很多事情要忙，等到孩子睡了之後還有很多事要做。這時，不可以罵孩子：

「你到底要我說幾次！」

「媽媽／爸爸也很忙啊！」

「夠了沒有！」

這種反應並不恰當，當孩子就是睡不著，不妨試著這麼說：

「哎呀，睡不著蟲蟲來了。」

「睡不著蟲蟲是什麼樣的蟲？你畫給媽媽／爸爸看好不好？」

「這個睡不著蟲蟲什麼時候會來，什麼時候會跑掉？」

「我們一起趕走它好不好？」

事情不順利時，都是「蟲」的錯

關於這個狀況，我實際測試過，以前大人陪睡時小孩總能安穩入眠，但當他們換到小孩房的雙層床，就開始睡不著。

為了哄他們睡覺，我坐在雙層床旁邊，右手牽兒子，左手牽女兒，唱搖籃曲給他們聽，幫他們拍背。雖然做了這麼多，孩子卻還是完全睡不著。一小時後，我終於忍不住爆發，罵了一句「真是夠了！」後離開房間，這種狀況持續了好一陣子。

這時，我想起了「問題外化」這個技巧。這是家庭心理學使用的方法，具體方式是替目前遇到的問題取一個名字，再把它從孩子身體裡拉出來。

我立刻就開始嘗試，讓幼稚園中班的女兒和大班的兒子坐在茶几旁，看著他們的眼睛說：

「到了晚上，睡不著蟲蟲就會來。你們睡不著不是你們的錯，都是睡不著蟲蟲害的。」

聽到我這麼說，孩子的眼睛都亮了起來。因為我一直責罵他們，讓他們以為睡不著的自己是壞孩子。當我改變說話的方式，他們才開始覺得「原來不是我的錯」。

我讓孩子畫了睡不著蟲蟲的畫，問他們：「這個蟲蟲什麼時候會來？」「怎麼樣才能趕走它？」討論完之後，睡前再問孩子：「睡不著蟲蟲來了嗎？

我們把它趕走再睡。」接著在白紙上畫上蟲子，揉一揉丟掉，孩子從此就能順利入眠了。

這個方法適用於各種問題，大人可以編出各種不同的蟲，例如異位性皮膚炎的孩子是被「癢癢蟲」偷襲，嫉妒剛出生弟妹的孩子則是被「嫉妒蟲」咬。

當父母認為問題是孩子的錯，就會忍不住責罵孩子。孩子被責罰之後，就會以為「我是壞孩子」，自我效能也會跟著變低。

不過，只要把這種狀況當成是蟲的錯，全家一起組成團隊解決問題，一定會有好結果。

若是孩子患有異位性皮膚炎，大人再怎麼告誡「不可以抓」，還是會忍不住搔抓患部。這時，最痛苦的其實是孩子自己。

有「問題」的人，就是最受問題折磨的人。

孩子需要的不是責罵，而是幫助他一起解決問題的團隊。

卡通《妖怪手錶》裡面有「悲觀蚊」「忘記帽」等許多可以參考的妖怪。

請試著親子一起開開心心取蟲蟲和妖怪的名字吧！

幫問題取一個蟲或妖怪的名字，然後趕走它。

㉒如何才能讓孩子不等大人提醒就主動做好？

孩子下課回到家，看電視或玩遊戲玩得渾然忘我。好幾次提醒他：「功課做了嗎？趕快做！」孩子還是無動於衷。大家的孩子都會這樣嗎？還是只有我家的孩子這樣？真的很難相信有小孩會自己主動寫作業。若繼續放任不管，孩子一定會繼續玩樂，於是當父母的你，今天還是忍不住大吼：

「回家就趕快寫功課！」

「吃完點心就趕快寫作業！」

這種反應並不恰當，請試著換成提升孩子自我效能的說法，例如：

「你幾點要寫作業？」
「你自己決定吃完點心寫作業，還是玩完之後寫作業。」

讓孩子自己做決定

父母每次說「快去寫作業時」，孩子就越不會寫。這是因為當別人強制決定我們的行動，我們就會失去幹勁與熱情。

想啟動幹勁開關，促使孩子自主行動，就必須讓他自己做決定。即使「做作業」是無法改變的事項，父母還是可以把「什麼時候開始寫」「用什麼順序」交給孩子決定。當我們能夠決定一部分的事情，才會有幹勁。

爸媽說：「吃了點心馬上就寫作業。」孩子會不想照做，但若爸媽問孩子：「你要先吃點心還是先寫作業？」孩子就會想寫作業。有些孩子喜歡先苦後甘，會選擇先寫作業；有些孩子會決定先吃點心，休息一下再寫作業，接著按照自己的決定行動。

每個人天生就有「希望能自己決定自己事情」的需求。沒有人會在別人的控制下感到幸福快樂。

試圖控制別人也不是件快樂的事，父母也不想老是命令孩子「快做這個」「快做那個」。

尊重孩子的決定，這麼一來，父母也能從「控制孩子」的困境中解脫。

準備幾個選項，讓孩子自己做決定。

培養「自我效能的一句話 ④

「沒有幹勁或自信時」

孩子沒有幹勁，或太過緊張而無法採取行動時，父母看在眼裡總會有恨鐵不成鋼的心情。但愈是激勵孩子，孩子反而會愈加退縮。

本章節將介紹孩子沒有幹勁、不肯採取行動，或是緊張害怕失敗、無法踏出步伐時，父母適合用來鼓勵孩子的一句話。

㉓認同孩子「不想上學」的負面情緒

有時，孩子會說：

「我不想起床。」

「不想去學校。」

這時，父母不能說：

「你在說什麼？不可以不去學校！」

「不可以請假！」

這種反應並不恰當，請試著換成提升孩子自我效能的說法，例如：

「是嗎，你不想去學校啊？」
「我知道你真的很努力。」

請先接納孩子的情緒，也可以試著抱抱他、拍拍他，和孩子親密接觸。

孩子之所以不想做某件事，可能單純是因為能量消耗殆盡。有時是因為很累，很想說出這種感受，所以媽媽必須先接納孩子的感受。有時過了一會，孩子就會自己跑出房間說：「我要去學校。」

告訴孩子：「不管你的心情如何都沒關係。」

當孩子說出「不想上學」，父母會立刻聯想到「霸凌」「拒絕上學」這些問題，內心也會十分緊張。不過，我們還是要先接納孩子的負面情緒。

每個人都有「意志力」的能量池，當我們努力或忍耐，就會消耗池裡的水，當池裡的水愈來愈少，就愈來愈無法努力。

這時，只要有人認同我們的努力，能量就會稍微增加一些。孩子說「不想去」「不想做」的時候，有時重點並不是這件事本身，而是孩子希望你認同他的努力。我們必須把認同孩子的努力與情緒，和孩子去不去上學當成兩個不同的問題看待。

不想去學校可能有下列幾種理由：

- 感覺疲倦，能量不足。
- 因為某種理由感到不安，不想離開父母（母子分離焦慮理論）。
- 在學校遇到不開心的事，想要逃避（逃避理論）。
- 成長過程遇到挫折，或是患有心理疾病。

若孩子是感到疲倦，請重新調整行程安排、營養攝取、睡眠與運動。

孩子因與父母分離而感到焦慮不安時，可以增加親子相處的美好時光，讓孩子了解父母會回到他身邊，就算父母不在，自己也很幸福。若父母常常生氣或表現出不幸福，孩子的分離焦慮也會比較嚴重。

如果孩子是在學校遇到不開心的事，父母必須和校方組成團隊守護孩子。當孩子一直不想去上學，請不要等待太久，及早和老師商量，一起保護孩子，問題會比較容易解決。重點在於相關人士必須彼此合作。

當孩子在學校遇到不開心的事，大人卻不努力解決，輕易同意孩子不去上學，孩子就會一直害怕去上學。彼此交換意見，一起突破難關之後，孩子就能繼續克服困難。經驗會讓孩子變得愈來愈強大。

孩子不想去上學，背後也可能隱藏著成長挫折或疾病，這時就需要專家的適當協助或治療。就算孩子再努力，有時學校的類型與孩子的性格就是合不來，若是這種狀況，建議試著思考別的方法。

請先認同孩子的負面情緒與努力，問題的處理方式另外再想就好。

㉔孩子說「不想再學才藝了」

孩子開始學空手道半年後，突然說「我不想學了」。孩子不喜歡，你也不想強迫他。但是，一開始也是他一直說「讓我學嘛」才讓他去學的，總覺得不能讓他這麼快就放棄。為人父母也很煩惱該怎麼做，忍不住就會說出：

「既然開始了就要繼續學。」

「你自己說要學的，不可以這麼輕易放棄。」

這種反應並不恰當，請試著換成提升孩子自我效能的說法。

相信看到這裡，各位讀者都可以想像父母該怎麼回答了。首先要先同理孩子「不想學」的情緒，再問：

「你不喜歡空手道的哪裡？」

「怎麼做你才能開心繼續學？」

請試著和孩子一起思考可以開心繼續學才藝的方法。不過，如果孩子就是不喜歡，不繼續學也是一種選擇。

選擇可以開心持續做下去的事情

在不恰當的反應中，「既然開始了就要繼續學」是最需要注意的一句話。這會讓孩子建立「忍耐討厭的事是一種美德」的價值觀。

我和一位學生對談時，他總是說自己很不喜歡隨興加入的社團。每次我勸他退社並結束對談後，他下次又會繼續抱怨同一件事。

當我詢問他為什麼不退出社團，他才告訴我他以前學過劍道，中途想放棄時，父親痛罵他說：「既然開始做了就不能停。」還用竹刀打他。父母告訴孩子「開始做了就不能停」，會讓孩子即使在沒有意義的事情上也無謂地堅持，反而讓孩子感到痛苦。

人在開心做一件事時，就能夠發揮自己本來的才能。十分熱中、沉迷於一件事時，這股能量就能衍生出對周遭的人，甚至對整個社會都有貢獻的活動。

當孩子說出「不想學了」，其實並不會「立刻放棄」。因此，父母請先聽聽孩子的說法。

詢問孩子為什麼不想學空手道，或許就會發現，孩子只是覺得要去上課很麻煩，但只要到了空手道教室就學得很開心。這種狀況下，孩子並不是對空手道感到厭倦，因此也沒有必要放棄學習。

父母可以幫忙孩子找到繼續快樂學習的方式，例如：

「是不是因為現在是一個人學，所以覺得很無聊？」

「再往上升一段就可以跟朋友一起學了，希望早點能升上去。」

當孩子實際體驗之後，若還是發現「這個不適合我」「我不喜歡」，就是另一個問題。父母要有讓孩子中途放棄的勇氣。

還有，不可以翻舊帳數落孩子。我曾經碰過一位家長，自從女兒不學游泳之後，就一直數落女兒，最後女兒什麼都不願意再學了。當父母告訴孩子「開始學以後就不能放棄」「放棄是壞事」，會讓孩子連開始一段新的挑戰都覺得麻煩。

孩子不想學才藝時，代表他能熱中和發揮長處的事物在別的地方。請幫孩子找到能發揮自我的空間。

尋找能讓孩子開心繼續學的方法，或是鼓起勇氣讓他停下來。

㉕「忍耐痛苦超越極限」是舊時代的錯誤觀念

為了讓孩子學會認字，有個學習法是讓孩子寫練習簿，每個國字寫十次。如果孩子沒學會，考試時寫錯，又會被罰在練習簿上再寫十次，有時老師出的功課就是叫孩子寫字，想當然，有的孩子非常討厭這種作業。

當孩子覺得寫字的作業「很無聊」「不想做」，就會草草了事，或是只有手在動，沒有讀進腦中，這時，父母不可以說：

「這是作業，你要好好寫。」

「這點小事，忍耐一下啦。」

這種反應並不恰當，請試著換成提升孩子自我效能的說法，例如：

「你覺得為什麼要寫那麼多字？」

「我們一起想想看可以學得更開心的方法。」

「你能不能寫得很像範例？試試看好不好？寫了十次就拿來給媽媽／爸爸看。好，開始囉！」

開心挑戰的人比刻苦忍耐的人更容易獲勝

對自我效能高的孩子來說，「努力」是他主動希望去做的，一點都不辛苦，他們能樂在其中，因為知道在努力過程中的成長與得到的經驗都有意義。當一個人能如此相信，就能夠努力。我自己也有這樣的經驗。

因為想去美國的大學讀書，我便一個人前往紐約。雖然鼓起勇氣去了美國，但其實我英文很差，完全無法對話。不過，當時我有非常明確的目標，就是「我想用英文讀這篇心理學論文」「我一定要在這裡拿到學位，成為心理學家」，因此就算學習英文很辛苦，我也努力突破了難關。

每個人為了實現自己的夢想，都會湧出克服難關前進的力量。如果對於努力的過程能樂在其中，就更棒了。我在學英文的時候，閱讀的不是無聊的《紐約時報》，而是我最喜歡的推理小說和《哈利波特》，不知不覺間，英文就跟著進步了。

練習寫字也是同樣的道理，當孩子知道自己是為了什麼而練習，就能好好完成它。目的可以是「為了在考試考出好成績」，或是「為了把字寫漂亮」，也可以是「記得很多國字，就可以看懂大人看的有趣小說和其他刊物」。當然，最理想的狀況是孩子能享受練習寫字的過程。

然而，「為了努力而努力」是日本長年以來的陋習，至今仍然根深蒂固。

日本人總是讚揚忍耐與毅力。

我認為這樣是不行的。

只靠著忍受痛苦突破難關，人是無法成長的。包括學習、運動、工作以及不順利的狀況在內，所有過程都要能好好享受，人才能學得更多。

認為忍耐就會有好結果，已經是舊時代的錯誤觀念。忍耐著做事的人，根本贏不過開心做事、生氣勃勃的人。

日本NHK-BS台有一個節目叫《奇蹟課程》（奇跡のレッスソ），介紹了一位來自丹麥手球教練帶領球隊的故事。

日本的教練會責備孩子，對孩子說：「我這樣罵你們，是希望你們能拿到冠軍」，而丹麥的教練則是告訴孩子：「手球真的很有趣！」還把以前無聊又冗長的熱身操也換成遊戲，之後，球隊的成長幅度令人驚訝不已。

孩子感到痛苦時，請不要用「要忍耐、要克服，痛苦才會成長」來逼迫他。孩子自己也知道必須要努力。

請讓他專注在努力之後能得到的成果，以及美好的未來，設法讓孩子能夠享受努力的過程。

幫孩子尋找能快樂克服困境的方法。

㉖孩子不想寫作業

有時，孩子就是不想寫作業。爸媽在這種時候，常會忍不住說：

「你在說什麼啊？」

「快點去寫作業！」

「你真的很懶惰。」

這種反應並不恰當，請試著換成提升孩子自我效能的說法，例如：

「作業裡面有很難的題目嗎？」

「要怎麼樣才寫得出來？」

別責怪孩子，先看看作業的難度是否適中

孩子不肯寫作業時，爸媽要注意的是作業的難度是否適合孩子。

我們在發現眼前的功課難度比自己能力高出許多時，會因為焦慮不安而遲遲無法採取行動。相反地，發現功課的難度比自己能力低太多時，則會覺得無聊，不想動手去做。

功課的難度與自己的能力，兩者剛好在「努力就可以完成，難度比自己的能力高一點點」的時候，最能讓做的人覺得有趣、開心。

孩子很難自己調整作業的難度，常會不了解自己的程度，或是為了得到肯定而選擇挑戰高難度問題，父母或身邊的大人必須替他們多加留意。

最終目標不用放低，高一點比較好。重點在於朝向目標的「下一步」必須

比現在的自己高一點點。在《墊底辣妹》（ビリギャル）這部電影裡，主角最終的目標是考上慶應大學，但她剛開始是寫國中生的練習題，這就是很好的例子。

配合孩子的程度調整作業難度。

㉗把「反正」當成口頭禪

「你的朋友不是開始打籃球了嗎？你要不要也去打？」

當父母建議孩子做某件事，孩子卻用自暴自棄的口吻回答：

「反正我又學不會。」

「反正我做不到。」

這時，父母不可以說：

「不要老是說自己學不會、做不到，這個口頭禪要改掉。」

「什麼都不做，就什麼都學不會。」

這種反應並不恰當，請試著換成提升孩子自我效能的說法，例如：

「多練習就會學會。」

「每個人剛開始都不會啊，這很正常。」

「如果你想試試看，媽媽／爸爸會全力幫你加油。」

之所以自暴自棄，可能是因為經常被責罵

這麼說可能會讓許多父母感到震驚，不過，當孩子脫口而出「反正」，就代表孩子的自我效能相當低。

會說出「反正」的孩子，大致上有下列這三種背景。

第一種是父母過度保護孩子，總是搶先孩子一步，避免孩子失敗。孩子缺乏挑戰的機會，因而覺得「自己沒有能力」。

第二種是父母過度放任，什麼都放手讓孩子去做，不管孩子做任何壞事都不會被罵。父母不相信孩子會做好事，孩子也有可能會說出「反正我就是……」這種話。

最要注意的是第三種，平時經常被父母、老師與周遭大人責罵的孩子。

「你老是這樣！」

「跟你說幾次了還是聽不懂！」

孩子經常遭受這種責罵，便會產生「反正我就是做不到」的想法。

毛毛躁躁無法安靜，或是患有ＡＤＨＤ（過動症）等發展障礙的孩子，多有經常被責罵的傾向，因此這些孩子也會有「反正」這種口頭禪。

障礙裡面也分成原發性與次發性。原發性障礙指的是原本就有ＡＤＨＤ等問題，導致毛躁無法集中注意力。明明想坐下但就是無法坐下，或是想把事情做完但無法做完，不想忘記帶東西但就是會忘記帶。在這種狀況下，患者本身也非常痛苦，更痛苦的是想做的事做不到，還不斷被周遭的人斥責。

結果會讓孩子失去自信，心想「反正我就是做不到」，也就是次發性障礙。對於父母來說相當棘手，但還是建議在任何狀態下都盡量不要斥責孩子。

尤其是患有障礙的孩子，一定要注意這一點。

如果孩子已經會把「反正我就是……」掛在嘴邊，也請父母不要自責自己是不是太常罵孩子。現在正是改變的機會，請試著改變對孩子說的話。

可以試著對孩子說：「我以前一直罵你，因為身邊的人說你『毛毛躁躁』，我也跟著沒有自信。不過，這不是你的錯，是媽媽／爸爸不對。對不起，媽媽／爸爸罵了你。」

接著，再給予孩子「媽媽／爸爸覺得你ＯＫ」的訊息：「就算現在做不到也沒關係，只要練習就能學會」。請試著使用本書介紹的找到孩子長處的一句話，以及配合孩子成長階段調整的鼓勵話語。

別斥責孩子做不到，只要好好設計方法，周遭的人一起支持孩子去做，孩子應該就能做到。父母要幫孩子培養出勇於嘗試的勇氣。

針對自己經常罵人這件事道歉，告訴孩子只要練習就能學會。

㉘比起「加油」，父母更該給的是具體建議

有個女孩患有相當嚴重的社交恐懼症，在班上同學面前發表暑假作業成果的前一天，她總是在家裡一個人唸唸有詞地專心練習。

父母看到她認真練習的模樣，非常想鼓勵她，忍不住就對女兒說：「加油」「要展現出實力來」，不過，這幾句話其實沒什麼效果。

孩子完全無法理解含糊抽象的話語。對孩子說「加油」，他們也完全不知道該怎麼辦。

對孩子提出建議時，要採用具體且可以提高自我效能的說法，例如：

「速度放慢一點，同學才聽得懂。」

「要好好介紹你費心製作的地方。」

別說「加油」，要說「你很努力」

舉例來說，在棒球比賽時，對正要站上打擊區的孩子喊「加油」「要盡全力喔」，多少會達到鼓勵的效果。

不過，對於想打出一記好球的孩子來說，這些話幫不上什麼忙。相比之下，還是「要好好看球喔」「揮棒要堅持到最後」這些具體的建議比較適合。

想對孩子說「加油」時，請先想想你想告訴孩子的到底是什麼。

「別中途放棄，要努力跑到最後。」

「好好看球再揮棒。」

「右腳再多出一點力。」

這種具體的建議，孩子才聽得懂。

還有，有些狀況下，對某些對象，最好不要說「加油」。對於已經非常努力卻沒有好結果，正處於困境的人來說，聽到「加油」就像被暗示「你還不夠努力」，有時反而會讓他們感到絕望。

孩子們也已經非常努力了，因此，大人要說的不是「加油」，而是「我知道你很努力」。

給出具體的建議鼓勵孩子，同時也告訴孩子「我知道你很努力」，孩子就能盡情發揮出自己擁有的力量。

用具體的話語來表達對孩子的鼓勵。

㉙孩子很緊張，覺得有壓力

鋼琴演奏會或是運動會的前一天，孩子開始怯場。他說出「我不要去，我一定表現不好」的時候，父母該怎麼回應他呢？

這時，不可以說：

「你太緊張才會表現不好。」

「不要緊張，放輕鬆。」

這種反應並不恰當，請試著換成提升孩子自我效能的說法，例如：

「你會覺得害怕跟討厭，就代表會成功。」

「就是因為緊張才會表現得好。」

「緊張是因為你的身體正在準備要有好表現。」

適度的壓力其實是好事

孩子在緊張時，請讓他不要害怕這種狀態。重點在於，不要認為「緊張＝壓力＝不好的東西」。

我以前也曾經以為壓力是不好的，壓力會讓人焦躁，人常會因為輸給壓力而失敗。在孩子們面前，我也提到過這些事。

不過後來我發現，這些想法並不正確。過度且長時間的壓力的確會對身心造成傷害，但適度的壓力反而有加分效果。

之後，我把孩子們叫過來，告訴他們：「媽媽弄錯了，壓力對你們也會有好的影響。」

孩子們確實把這句話聽進去了。從那天之後，他們的想法就改變了。

女兒在學校音樂發表會的前一天，和朋友聊了這個話題。

「好緊張喔。」

「對啊，不過這種緊張的感覺還不賴。」

「應該會很順利吧。」

在旁邊聽到她們聊天的我大吃一驚。我的女兒自我效能高到讓我都羨慕。女兒和她的朋友認為「緊張＝成功的前兆」，把緊張當成好事。

請試著張開雙臂擁抱壓力，把它當成幫助你發揮能力的能量來源，同時也這樣教導孩子。

緊張＝身體正在準備好好發揮＝成功的前兆。

㉚孩子因爲「被排擠」而受傷

孩子在學校和朋友吵架，難過地說：「今天他不跟我一起吃便當。」看到孩子傷心，父母也會很難過。這時，請不要說：

「明天你再約他一起吃，不要放棄，去試試看。」

「有原因就一定要解決，才可以和好。」

這種反應並不恰當，請試著換成提升孩子自我效能的說法，例如：

「你為什麼想跟他一起吃便當？」

「跟他在一起很開心嗎？」

這段關係裡是否有「愛」

父母要先同理孩子的心情，仔細詢問孩子現在的情緒如何，想要怎麼做。沒有先做到這一點，直接提出解決方法或建議，孩子是完全聽不進去的。

重要的是，必須讓孩子自己思考。請從旁協助孩子好好釐清，孩子和排擠他的朋友間到底是什麼關係？接下來要怎麼做？

如果孩子其實根本不喜歡跟對方在一起，勉強跟對方在一起只是因為害怕被霸凌，那麼這段關係其實是建立在「恐懼」上。

如果和對方的關係建立在「恐懼」上，即使和好了，跟對方在一起時還是會常常感到不安與害怕。

我會對孩子說：「會排擠你的人不好，不用再跟他一起玩了」。

相對地，如果孩子是因為很喜歡對方，一起玩很開心，所以才會常常跟對方在一起，這段關係的基礎就是「愛」。

父母當然也希望孩子能跟這種朋友好好相處。

請先詢問孩子和對方之間的關係是建立在恐懼還是愛。這一點不僅會影響朋友之間的交往，也和孩子能不能挑戰新事物有很大的關聯。

如果孩子心懷恐懼，認為「挑戰結果失敗，會被朋友嘲笑、排擠，媽媽／爸爸也不會愛我，我的自信心會受傷」，就很難向前踏出步伐挑戰。

而當孩子有自信，也有好的人際關係，覺得「一定沒問題，我想試試看」，就能積極挑戰各種事物。

自我效能對一個人的生活方式有很大的影響。恐懼無法引發一個人真正的衝勁。

父母不妨問孩子：「你想怎麼生活？想要生活中充滿恐懼還是愛？」讓孩子自己找到答案。如果孩子不喜歡活在恐懼中，想和可以安心玩耍的朋友在一起，想要滿懷希望，享受以愛連結的生活方式，孩子應該就會試著去交別的朋友。

問問孩子，和對方在一起是因為害怕，還是因為喜歡對方？找出孩子人際關係的關鍵。

第3章

父母教孩子的四件事

~建立養育幸福孩子的基礎~

在第2章的三十個培養自我效能範例中，你是否有找到熟悉的情境呢？若是已經發現「不小心說出口的話其實並不OK」，請一定要從今天開始嘗試提升孩子自我效能的一句話。

在第3章，我想談談培養自我效能的四個基礎，它們分別是：

- 給予孩子無條件的愛，讓父母成為孩子的「安全基地」。
- 放手別再控制孩子，讓孩子自己做決定。
- 告訴孩子「媽媽／爸爸跟你不一樣，因為不一樣所以很棒」。
- 父母以身作則，告訴孩子「失敗也不錯」。

父母要先跟孩子建立幸福的親子關係，才能進一步培養孩子的自我效能。接下來，本章將一一說明這四個基礎。

父母是孩子的「安全基地」

公園裡有個小孩，看到溜滑梯就開始向前跑，跑到一半跌倒了，哭著喊媽媽抱。他抱著媽媽哭了一會兒後，又跑去玩了。玩溜滑梯的時候，後面的孩子撞到他，他又回去找媽媽，過了一會，又跑回去玩了。

相信很多父母都有類似的經驗。

孩子常會回到父母的懷抱尋求安全感，接著又往外跑。這就是孩子的成長過程。

孩子會在外界與安全基地之間來回往返並成長

隨著成長階段，孩子會拓展自己的行動範圍。從學會走路開始，就是不斷的挑戰。聽到的聲音、看到的景象、拿到的東西，對孩子來說都是有生以來第一次的經驗，會觸發他們的好奇心與恐懼，需要勇氣才能無所畏懼，持續挑戰。

孩子如果是因為開心而沉迷其中，就沒有問題。當他們遭遇挫折或因為某些因素焦慮不安，會需要一個隨時可以回去的安全基地。

在安全基地補充安心與安全感，裝滿勇氣的儲存槽之後，孩子會開始覺得無聊，接著轉身跑向外面的世界，開始新的挑戰。

孩子會不斷在外界與安全基地之間往返，拓展活動區域，並從中成長。

想擁有挑戰未知領域的力量，需要培養出願意「試試看」的自我效能，在這個過程中，不可或缺的條件就是父母必須扮演孩子的安全基地。

用心讓孩子了解父母對他無條件的愛

有一位致力於建立孩童安心居所的人士說過：「最可怕的是在家裡扮演乖

小孩的孩子。在家裡沒辦法安心待著，不得不在父母面前扮演乖小孩的孩子，在外就容易霸凌別人。」

聽到這些話，更讓人感受到父母必須成為孩子的安全基地。我的孩子在家雖然很放鬆，但在外面很努力，孩子讓我看到他任性的一面，或許證明了父母已經成功扮演了孩子的安全基地。

父母應該要扮演安全基地。當父母對孩子而言不是能安心放鬆的對象，孩子就會因為無法緩解不安情緒而失去控制，嚴重時甚至會霸凌他人或犯罪，其實，這些行為都是孩子們悲痛的吶喊。

「這裡是你的安全基地，沒有人會責備你、傷害你，所以不用勉強自己。」

父母用這種想法面對孩子，孩子就能安心休息，療癒內心的不安與憂鬱，補充再度出發的勇氣。如果父母只誇讚孩子的能力與成果，孩子失敗時就處罰、斥罵他，孩子就會以為不當乖小孩就得不到愛，即使待在家裡也無法安心休息。重要的是，父母必須讓孩子感受到：「我得到的是無條件的愛」。

裝滿孩子愛的水槽

每個人心裡都有一個愛的水槽，同時也有與生俱來的需求，渴望「自己的存在獲得認同與愛，能裝滿內心愛的水槽」。

安全基地就是能裝滿愛的水槽的加油站。水槽滿了，我們就能飛向外界努力打拚，也有餘力溫柔對待別人。

然而，如果水槽裡面的愛變少了，在外就無法打拚，也無法溫柔待人，甚至會無法控制自己，陷入歇斯底里的失控狀態。

當孩子言語粗俗暴力，有明顯的問題行為，請把它當成愛的水槽蓄水量減少的徵兆，用孩子能感覺到的方式表達你的愛。有許多語言與方法都能夠表達愛，例如：

①觀察孩子的情緒，表達出同理心與理解，仔細聽孩子說話。
②多說些肯定孩子的話，例如「最喜歡你了」「你是媽媽／爸爸的寶貝」。
③安排一起相處的時間（美好時光）。
④和孩子親密接觸。
⑤在生活中給予支持，例如幫孩子做他喜歡的料理。
⑥一起為了好事開心。

請一定要試試看這六種方法。

重點是，每個人能感覺到愛的方式不同，必須用對方能感覺到愛的語言來表達。

請別忘了，父母也必須擁有自己的安全基地，也需要裝滿愛的水槽。當你知道自己該對孩子說些什麼，卻無法做到，代表愛的水槽已經存量不足。此時，請對自己溫柔一些。

讓孩子自己決定

相信有很多父母都有類似的經驗。

「孩子一回家，外套脫了亂丟不整理。書包隨手一放，襪子隨便亂扔，老是會有一隻找不到。作業也是，我一定得嘮叨個不停，否則他絕對不會寫。我一直罵他、叫他，結果還是我要把他的外套掛好、書包收起來、襪子丟進洗衣機。每天都是這樣，真的超累人。」

有一位前來找我諮詢的惠美小姐，也是對孩子的生活態度感到十分煩躁。

「不管我說了幾次，他就是不聽。我也說了，媽媽不會幫你收拾喔！我以為這樣說了他應該會稍微做一點，結果房間反而愈來愈髒。我已經放棄了，這孩子就是不會整理打掃。」

惠美小姐已經把孩子的狀況當成了笑話。

父母想的是，媽媽／爸爸不幫你做，那你自己總該會做了吧。但相反地，孩子根本不動手收拾，房間愈來愈亂。這其實是很常見的狀況。

為什麼會這樣呢？

其實，這個過程中漏掉了一個重要的關鍵，孩子才會沒有動力自己整理。這個關鍵就是「自己做決定」。是不是自己做的決定，會大大影響我們採取行動的意願（動力）。

提供孩子選項，讓他自己決定

父母做不做，是父母決定的。這個決定裡面並沒有包含孩子的感受。

父母決定「我不會再幫你收拾了」，和孩子決定「自己收拾自己的衣服」

之間，並沒有直接的關聯。因此事情不會有任何改變。

那麼，父母究竟應該怎麼做呢？

我建議惠美小姐試試以下這兩個方法。

首先，認同孩子「收拾東西很麻煩，不想收拾」的感受，再告訴孩子：「媽媽每天要收你的東西真的很辛苦，我們一起來想想怎麼做，你才能自己收拾好不好？」

最後提供一些選項，讓孩子自己決定。例如：「你已經長大了，能夠自己收自己的東西。我們來想想比較方便的方法，如果你要在玄關脫外套，我就在牆上掛個掛勾，要不要把外套掛在那裡？襪子也決定好要去哪裡脫，要不要到洗衣機前面脫？」

每個人天生就有「想要自己做決定」的需求。當這個需求沒有被滿足，就會覺得自己受到控制，因而感覺痛苦。

只要告訴孩子「你可以自己決定」，孩子就會高高興興地跟著你前進。

「你可以自己決定」這句話，能夠培養出孩子的自律。自己主動有「試試看」的想法，也就代表了具有良好的自我效能。

父母放手不再控制，孩子就能學會自律

二〇一八年，神戶大學的西村和雄教授針對兩萬名二十～七十歲的群眾，調查「各種因素對幸福感的影響」，調查後發現，影響人類幸福感的因素依序是：

第一名　健康。

第二名　人際關係（伴侶與職場主管、同事）。

第三名　在學校或職場能自己決定多少事（自行決定度）。

由結果可以看出，自己做決定對幸福有很大的影響。目前的主流思考多認為，擁有高收入或高學歷就會幸福，因此必須讓孩子好好唸書，我們或許需要重新思考，這樣的想法是否正確。

父母認為將來一定會有用而讓孩子去做的事，如果不是孩子自己的決定，就不會有動力去做。許多人只是因為父母一直嘮叨「快去做」而聽從指示，其實，孩子對父母的支配與控制非常敏感，常常會覺得煩悶。

請配合孩子的成長階段，評估他現在能做到哪些事，找到能與他溝通的表達方式，親子好好談一談。

尊重孩子自己想要「這麼做」的意願。

父母先停止控制孩子，鼓勵孩子自己做決定，孩子才會開始自律。

當孩子自己做出選擇，才會負起責任，把事情做完。

在不破壞孩子自律性的前提下給予限制

或許大人會想，若父母不好好控制孩子，孩子不就會任性亂來嗎？請放心，「不再控制孩子」不代表不設限制，完全讓孩子隨心所欲。父母必須設下「限制」，明確規定孩子可以做到哪裡，同時培養孩子的責任感。

重要的是拿捏分寸。如果限制得太過嚴格，直接命令孩子「去做這件事」「不准做那件事」，其實就跟控制沒兩樣。想培養孩子的自律性，需要的是壓力極小的「限制」。

至於如何在不控制的前提下限制孩子，學界也有相關的研究。心理學家愛德華・德西（Edward L. Deci）與他的團隊調查四歲兒童後證實，「父母用符合以下三個條件的方式管教孩子，就能在不妨礙孩子自律性的情況下讓他們遵守限制」。

這三個條件其實就是先前案例中提過的內容。

①同理心／大人要先對孩子「想做」或「不想做」的情緒有同理心。

②說明／說明父母為什麼會說「最好不要做」或「最好去做」。

③自己做決定／最後用壓力極小的方式傳達父母的想法，例如「你這麼做就是幫了爸爸媽媽的忙」「這樣我會比較開心，你覺得呢？」給予孩子選擇的權利（自行決定權）。

同理、說明、自行決定的三個步驟

實施「同理、說明、自行決定」這三個步驟後，孩子的反應會出現很大的變化。以下分享一則案例。

K小姐和小學二年級的兒子S小弟就是非常適合用來說明的案例。S小弟是非常活潑好動的孩子，有時太過頑皮，經常被同班同學的父母說是「野小孩」。

K小姐總是責罵S小弟：

「你為什麼老是這樣！」

「像話一點！」

「害媽媽老是得跟人道歉，好丟臉！」

但這樣的罵法毫無效果，K小姐也覺得每天生氣很累，這樣下去無法解決事情，必須思考別的辦法，因此前來參加我的講座。我教她的就是「同理、說明、自行決定」這三個步驟。

有一天，S小弟同學的媽媽打電話來抱怨：「我家孩子的書包被S小弟踢壞了。」K小姐忍住怒火，試著用三個步驟和兒子討論這件事。

首先，K小姐問S小弟為什麼會踢壞同學的書包，S小弟表示，是對方說他的壞話，他氣得實在忍不住，但並不是故意要弄壞同學書包。之後，K小姐先對孩子的情緒表現出同理心，對S小弟說：「聽到別人說你壞話，一定很生氣吧。」

接著，用合理的方式說明這個行為不好的理由：「就算不是故意的，踢人會傷害到對方的身體或是物品，是不好的行為。雖然你不是故意的，書包還是壞掉了，你同學一定很難過。」

最後再說：「要怎麼做才能在有人說你壞話的狀況下不踢人、不打人？媽媽覺得下次你可以說：『你不要再這樣講了！』告訴對方你不喜歡他這樣。你覺得呢？」藉由這個方式促使孩子自己做決定。

K小姐以前都是單方面斥責孩子「怎麼可以踢人，不可以這樣！」但她現在學會用「同理、說明、自行決定」這三個步驟對孩子說明狀況，我覺得她的努力非常棒。

S小弟的反應也有很大的變化。他告訴K小姐：「我也不是因為想踢才踢的，下次再發生同樣的事情，我會叫他不要講了。」

之前，S小弟一直都是遭到不分青紅皂白的斥責，但這次，媽媽同理了他的情緒，也說他可以自己決定。覺得「媽媽了解我」的感受，一定讓S小弟很開心。

而且，「你可以自己決定」就是最能表達信任的一句話。對孩子而言，沒有比得到父母信任更開心的事。孩子每次得到可以自行決定的機會時，自律性都會有所成長。

從這件事之後，S小弟什麼事情都會跟媽媽說，這一定是因為媽媽的理解讓他感到安心。

K小姐看事情的角度也有了大幅度的改變。以前她只看到兒子的問題行為，現在，她已經學會用正向方式接受這些狀況，把它當成親子分享彼此感受、建立深入關係的好機會。

一句「你可以自己決定」，讓媽媽放手不再控制，孩子和父母都有了改變，親子關係大大改善，變得充滿幸福與歡笑。

第二章介紹的父母給孩子的一句話，希望各位也能用「你可以自己決定」為前提去表達。父母想讓結果更好、讓孩子表現更理想、想要控制孩子，這些想法其實孩子都看透了。人的本性就是討厭被控制，被控制時就會想抗拒，就算按照本書所說的方式對孩子喊話也沒有用。懷抱好奇心去挑戰新事物，孩子才會幸福，本書所介紹的方法也是基於這個目標，使用時請不要迷失了方向。

大家都不一樣，每個人都很棒

M小姐的兒子就讀小學一年級。學校的一年級有四個班，一班到三班是一般班級，四班是特教班。每個星期有幾次會讓一班到四班的學生全員集合，一起上團體課。

有一天，上完團體課之後，M小姐的兒子在回家的路上對她說：

「今天上團體課的時候，四班的R同學不見了。聽說R同學最喜歡媽媽了，他太想念媽媽，所以從學校跑了出去。可是一個人跑出去好危險，萬一發生意外就糟了，所以大家就一起去找他。」

M小姐聽了覺得很溫馨。這些孩子接納了一般班級和特教班學生的差異，純粹因為擔心同學發生意外而幫忙找人，這種精神真的很棒。同時，M小姐也很佩服學校老師的正確指導。

只是不一樣，沒有優劣區別

能夠學習多元化的教育環境真的很棒。我跟你雖然「不一樣」，但只是「不一樣」，沒有「優劣」差異。當孩子能夠有這樣的理解，就不容易發生歧視或霸凌問題。

如果只注意到「R同學突然跑出了學校」這點，孩子就會覺得「R同學是特別的，跟我們不一樣」，對對方敬而遠之。不過，因為老師有對孩子們說明「R同學最喜歡媽媽了，所以很想回家」，孩子們就會理解並產生同理心：「原來R同學跟我一樣」「我也很想媽媽」。

找到對方身上令人產生同理心的點，就比較容易接受和自己「不同」的部分。老師巧妙地運用技巧，成功讓孩子們能夠接受彼此的「差異」，避免產生

「優劣」的比較心態。

一個尊重多元的社會，代表人們能夠在各種選項中自行選擇適合自己的生活方式。也就是說，我們不用在意他人的眼光，不用害怕失敗，也比較容易有「試試看」的勇氣。希望我們的孩子能夠在這樣的社會生活。

在家也能做到的多元教育

曾有人問我該怎麼教孩子多元文化。效果最好的教法是本書已經提到好幾次的「同理心」。不論父母是什麼樣的心情，都要認同孩子的感受，孩子的多元性得到認同後，就能接納並認同其他人的感受。

我平常就會對孩子說：「這個世界上有各種不同的人。」每個人都可以跟別人不一樣，所以不要否定別人。

因為否定別人就是否定多元化，和尊重多元的精神背道而馳。

舉例來說，孩子在路上盯著遊民看的時候，大人如果罵孩子：「不要看！這樣很沒禮貌！」拉著孩子快步走過，反而是更沒禮貌的行為。遇到這種情況時，我會對孩子說：

「今天天氣很冷，那個叔叔好像也很冷，不知道他還好嗎？」

「跟家人分開住，可能很寂寞。」

「你有什麼感覺？」

不會當作沒看到或是當對方不存在，而是直接討論。這就是我家的方式。

我不會牽扯到社會問題或人權等困難的議題，最後總是告訴孩子：「這社會上有各種不同的人。」就只是這樣而已。但我不會視而不見，或是當對方不存在。這些小小的嘗試，相信對孩子會有好的影響。

這世上有各種生活方式，也有各種差異，但沒有優劣高低的區別。孩子們會自然地擁有這樣的想法。

享受「差異」帶來的趣味

即使表面上能認同「我跟你的想法完全不一樣」，但若是內心覺得自己才是對的，就等於是用優劣去評斷彼此的差異，也會因此造成衝突。

當我們會覺得「雖然我是這樣想的，但原來也有你這種想法，真有趣」，能夠享受自己沒有的思考方式，就代表沒問題了。對自己與別人的差異感到心浮氣躁的人，請試著慢慢接納彼此的差異。

好好感受「差異」的趣味，可以幫助我們培養孩子接納多元文化的心胸。

例如：

「你是這麼想的啊，媽媽的想法跟你有點不一樣，我是這樣想的。」

「你的想法真有趣，媽媽／爸爸從來沒想過耶。」

在平常的親子對話中，就能培養孩子的多元思考。

當我們擁有能夠接納差異的環境，就會知道，自己的意見和別人不同也沒關係，不管是什麼感受都可以說出來。當然，我們也可以直接說出反對孩子意見的想法，告訴孩子「媽媽／爸爸反對」。

「你和媽媽／爸爸有很多不同，但不代表媽媽／爸爸比較了不起，或是你比較正確。我們只是不一樣而已。很有趣吧！」

能夠這樣彼此認同的關係，真的很棒。

能夠在「媽媽／爸爸與我」的小型人際關係中接納差異的孩子，到了外面的世界，也能用一樣的想法接納別人的不同。

成績好壞、跑得快慢、字寫得漂亮還是不工整、個子高或矮……能接受這些差異就只是差異，不會評斷優勝劣敗，也不會發生爭執。可以活在沒有比較的世界裡。

「不一樣真的很有趣，好棒喔！」

「大家都有不一樣的專長，就可以彼此幫助了。」

「你跟他不一樣，這樣很好。」

自己跟別人不一樣也沒關係，就是不一樣才好。能夠在孩子身邊教他這一點的，就是父母。

只要父母接受多元社會，孩子就能安心「做自己」，也會更加積極、更能活出自我。

放棄平等

很多父母都覺得「平等」很好。我母親的口頭禪就是：「我有四個孩子，我都以平等的方式對待他們。」我很感謝她從微薄的薪水裡分給我們一樣的資金，幫助我們完成夢想。但是，當你送給某人一副眼鏡，是否就要送給全世界的人眼鏡才叫平等？每個人都有不同的需求，其實並不需要平等。

這和多元社會也有關係。有多種需求的人，需要被公平的對待，但不需要平等的待遇。

舉例來說，我兒子會說：「姊姊吃了三塊鬆餅。」這時候我會問他：「那你想吃幾塊？」他有可能只想要兩塊，也可能想吃五塊。大人有時會忍不住說出「你也想要三塊對不對？」給孩子一樣的分量，但是平等並不保證符合本人的期待。

當我放棄平等之後，育兒也變得輕鬆許多。舉例來說，女兒跟朋友發生一些狀況時，我在她睡前跟她聊了一小時，兒子會吃醋。不過，這時我不需要也在兒子身上花一小時，而是跟兒子保證：「如果你有話跟我說，我會好好花時間聽你說。」

他們說出誰有什麼東西的時候，我也不會去比較他們跟身邊的孩子，而是詢問他們本人的需求：

「你想要什麼？想要多少？」

「為什麼呢？」

這樣一來，孩子心裡「跟別人比較後，我得到的好像比較少」的不安，也會轉變成：「我需要的時候就能得到需要的數量」，因而感到安心，情緒也會跟著穩定下來。

父母要以身作則

讓孩子看到父母的弱點與失敗，告訴他「媽媽／爸爸也還在練習」

當孩子面對不擅長的事，感到煩惱焦躁，媽媽／爸爸是否曾經吹噓自己的經驗，甚至得意洋洋地給孩子出主意呢？

不過，光是講大道理教育孩子「這樣就能做到」，或是講述成功者的事蹟，其實無法打動孩子的心。

要告訴孩子「我也有不擅長的事情，也會失敗，不過我很努力想要學會」是一件好事。這也是教導孩子「只要挑戰能力就會成長，不只小孩是這樣，就算到了媽媽／爸爸這個年紀，也隨時都能持續挑戰」的大好機會。

人類的大腦內有一種叫作鏡像神經元的神經細胞，能夠吸收看到的事物並加以模仿。

因此，當父母表現出「就算現在還做不到，只要練習總有一天能學會」的積極態度，孩子就能從中學到許多新事物。父母以身作則，孩子就會感到安心，能夠鼓起勇氣挑戰不擅長的事。

還有一個重點是，父母犯錯時必須勇敢道歉。這麼說或許有人會覺得父母道歉很不合理，但道歉其實也是在向孩子示範「人都會犯錯」「犯錯也沒關係」。道歉也是表示「雖然現在犯錯了，但我會愈來愈好」。孩子會從父母的道歉中學到這點，進而提昇自我效能。

身為父母，我們也要用「試試看」的心態學習

在育兒中感到沮喪疲憊時，你是否也曾經想過「我真是沒資格當父母」「我本來就沒有這個天分」呢？這個時候，請轉念想想「我也還在練習」，從

本書中找一兩個方法嘗試看看。

你們的夫妻關係如何呢？是否常跟丈夫或妻子吵架，已經放棄維持和平的關係了呢？在這種狀況下，你是否還能覺得自己能改善狀況呢？培養出自我效能後，我們就會了解，人際關係不理想並不是因為八字不合或是個性無法改變，問題其實是出在關係性，進而能夠嘗試各種改善方法。

你是否一直想要試試看去做某件事，卻遲遲沒有採取行動？或是羨慕已經採取行動的人？之所以會感到羨慕，或許是因為你一直都想要試試看，也有足夠的力量，卻沒有足夠的努力。如果有這樣的目標，請告訴自己：「不論什麼時候開始，只要努力就會進步。」試著挑戰看看。

當父母持續積極挑戰新事物不放棄，活力充沛精神抖擻時，孩子看著這樣的爸爸媽媽，也會覺得未來充滿希望，產生想要「試試看」的念頭。只要一句話就能改變孩子的人生。父母的人生也是一樣。請重新省視你對自己說的話，培養「試試看」的勇氣。

我自己也有現在還做不到的事，我會和各位讀者一起相信，「只要去做就會進步」，並持續不斷練習。

後記

感謝各位讀完這本書。

本書舉出各種父母可以用來培養孩子不怕失敗，擁有更多挑戰能力的話語，請一定要從中找到適合的一句話，試著使用看看。

書中也舉出了不恰當的話語，或許有些讀者看了之後會因為「不知道這種話語不好，以前說過很多次」而受到打擊。請不要太過在意，知道這種說法為什麼不好之後，就可以從今天開始試著改變自己說的話。

心理學和育兒都沒有正確答案。隨著孩子的年齡與親子關係不同，家長關心孩子的方式也會有所差異。請參考本書的範例，觀察實際的效果，調整出適合的關心方式。

相信各位讀者用了本書的方法後，會馬上看到效果。也很有可能扭轉過去的負面影響，轉向正面的發展。請不要侷限於自己的孩子，試著把這個方法用在自己、鄰居的孩子、公司的同事或下屬，還有學校的學生身上。

言語帶來的影響非常巨大，破壞力很強，修復力也很強。請相信這種正向的力量，把言語的威力運用到極致。

孩子經常聽到父母說的好話，就能用幸福的心情積極前進。不但能學會表達自己的感受，也會提高學習意願，還會更積極和朋友來往、玩耍。在各種層面上都有正面效果。

由我的專業領域心理學的角度來說，我可以跟各位保證這些都是真的。身為一個擁有實際育兒經驗的母親，我也可以斷言，對孩子而言，來自父母充滿愛的話語就是最好的養分。

請試著用話語為孩子的心靈補充營養，培養孩子的自我效能。如此一來，育兒就會變得十分輕鬆，也更加愉快，令人對未來的發展充滿期待。

當我們注意自己所說的話，盡量說好話，同時就能滋潤自己的心靈，提昇自我效能。話語對說話的人和聽到的人都有很強的影響力。相信看到這裡，各位一定更加期待未來的發展。誠摯祝福每位讀者都出現好的變化。

松村亞里

國家圖書館出版品預行編目資料

養出自我效能高的孩子：不害怕結果,選擇挑戰，
積極小孩實作篇 / 松村亞里作；劉淳譯. -- 初版.
-- 新北市：世茂出版有限公司，2022.02
面；　公分. --（婦幼館；172）

ISBN 978-986-5408-76-3（平裝）

1. 親職教育　2. 育兒

528.2　　　110019785

婦幼館 172

養出自我效能高的孩子：不害怕結果，選擇挑戰，積極小孩實作篇

作　　者／松村亞里
譯　　者／劉淳
主　　編／楊鈺儀
責任編輯／陳怡君
封面設計／季曉彤
出 版 者／世茂出版有限公司
地　　址／（231）新北市新店區民生路 19 號 5 樓
電　　話／（02）2218-3277
傳　　真／（02）2218-3239（訂書專線）
劃撥帳號／ 19911841
戶　　名／世茂出版有限公司　單次郵購總金額未滿 500 元（含），請加 80 元掛號費
世茂網站／ www.coolbooks.com.tw
排版製版／辰皓國際出版製作有限公司
印　　刷／傳興彩色印刷有限公司
初版一刷／ 2022 年 2 月
I S B N ／ 978-986-5408-76-3

定　　價／ 300 元

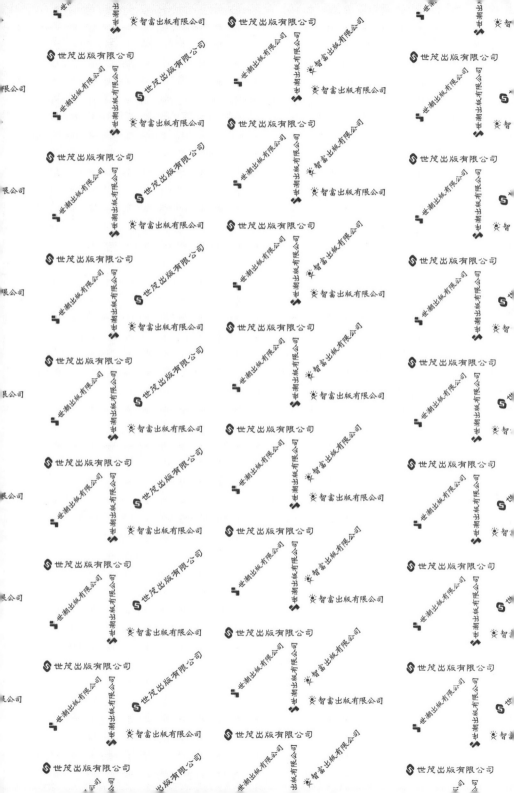